影像集

指导90级研究生冯琪通过硕士学位论文答辩。照片后排右方是王又庄教授，左方是冯琪。前排答辩委员（左起）分别是唐与仕、蒋予廷、王庆成、张崇敏、沈小凤。

王又庄教授在给财会系85级研究生讲授《企业经济活动分析》课程。

老年时期的王又庄教授

青年时期的王端（后
改名王又庄）

"偷得浮生半日闲"——
王又庄教授在郊外

王又庄教授在
家中过教师节

王又庄教授与关
门弟子谢苹的毕
业合影

王又庄教授文集

王又庄 著

首都经济贸易大学出版社

Capital University of Economics and Business Press

·北京·

图书在版编目(CIP)数据

王又庄教授文集 / 王又庄著. -- 北京：首都经济贸易大学出版社，2022.11

ISBN 978-7-5638-3439-6

Ⅰ.①王… Ⅱ.①王… Ⅲ.①会计学—文集 Ⅳ.①F230-53

中国版本图书馆 CIP 数据核字(2022)第 207510 号

王又庄教授文集

王又庄　著

Wangyouzhuang Jiaoshou Wenji

责任编辑　彭伽佳

封面设计　**风得信·阿东**
　　　　　FondesyDesign

出版发行　首都经济贸易大学出版社

地　　址　北京市朝阳区红庙（邮编 100026）

电　　话　(010)65976483　65065761　65071505(传真)

网　　址　http://www.sjmcb.com

E- mail　publish@cueb.edu.cn

经　　销　全国新华书店

照　　排　北京砚祥志远激光照排技术有限公司

印　　刷　北京建宏印刷有限公司

成品尺寸　170 毫米×240 毫米　1/16

字　　数　136 千字

印　　张　10.25　彩插 4 页

版　　次　2022 年 11 月第 1 版　2022 年 11 月第 1 次印刷

书　　号　ISBN 978-7-5638-3439-6

定　　价　55.00 元

前 言

　　这本文集收录的是王又庄教授年近六旬以后发表的文章，是作者二十多年在会计学领域从事教学和学术研究的成果，也是作者大器晚成的见证。

　　这是一本普通的学者文集，说它普通，是因为它的作者在生前甘为普通，不求轰轰烈烈、成就伟业，但求脚踏实地、兢兢业业、做人做事不负今生。

　　这是一本不同寻常的学者文集，说它不寻常，是因为它的作者有着不寻常的人生经历。他经历了军阀混战的北洋政府时期、灾难深重的日伪统治时期、令人失望的国民政府统治时期、面貌焕然一新的中国共产党执政的革命与建设时期以及改革开放的大好时期。他幼年丧父，少年学徒，青年困顿，中年蹉跎，老年勤奋。

　　文集的作者，首都经济贸易大学（原北京经济学院）的王又庄教授，出生于1922年11月30日河北省宁河县芦台乡。少年时期曾在天津法租界裕恒银号当练习生，青年时期曾在北平、辽宁、山东、香港等地的不同企业里做会计和会计主管。中华人民共和国成立以后，他从香港返回内地参加新中国的革命与建设。

他曾深入广西农村参加土地改革并荣获乙等功臣奖，他考入大学后深造会计学理论，他在出版社做过会计主任和总编，他先后在六所大专院校执教，他也曾在国内政治运动中遭受不公正的对待。改革开放以后，他虽年近六旬，却焕发出青春的活力，在教书育人的岗位上屡创佳绩。这期间，他加入了中国共产党，荣获北京市劳动模范称号，连续多年荣获学校教书育人先进工作者奖励；他主编的《企业财务管理》教材获得教育部优秀教材奖，主持的中华社科基金课题《质量成本与质量责任会计》获得北京市哲学社会科学成果一等奖，出版专著、教材 32 部，培养学生无数，其中多数已成为所在单位的业务骨干和领导。

本文集所收集的是王又庄老师写于我国改革开放期间的文章，文章议题多集中于对企业经济活动的分析、对质量成本的研究、对技术创新的经济分析、对财务会计制度转轨的辅导、对会计专业人才培养的体会等领域。这从一个侧面折射出伟大时代是如何激发出一个普通会计教师所能发挥出来的生命能量，而他又是怎样地立足于本职岗位为祖国的会计教育事业发展添砖加瓦的。

作为王老师的学生，我们仰慕先生的成就，我们更仰慕先生积极的人生态度。先生为人处世堪称楷模，他待人以诚、乐于助人、扶持后人、勤奋自律。他爱岗敬业、不断学习、无私奉献的精神，将永远激励着我们和后人。

王又庄老师的学生

2022 年 11 月 30 日

目　录

厂长在经济管理方面应具备哪些基本知识

为了加快实现四个现代化，必须切实加强企业管理工作。要管好一个企业，厂长应具备哪些经济管理方面的基本知识呢？

在社会主义现阶段，由于存在着商品生产和货币交换，企业的生产经营活动同时存在着物资运动和物资价值形态的资金运动，两者紧密联系而又相对独立。物资运动是资金运动的基础，资金运动则是物资运动的反映。两种运动结合起来，就能较完整地反映工业企业物质资料的再生产过程。在企业物资运动方面，厂长不仅应了解产品的技术条件与发展方向，熟悉生产全过程各主要工艺路线的内容、方法与技术知识，而且应具有通过企业生产技术财务计划的事先预测、编制与执行来正确组织、指挥、协调和控制生产过程的能力。厂长不仅应熟知全面质量管理的内容，而且应有能力在企业内部组织和建立能源利用与原材料管理的体系。厂长不仅应了解党在技术方面的方针、政策以及企业技术工作的规律性，而且要掌握有关物资、产品流通活动的规律性以及劳动三要素合理组织与结合的方法等。

下面着重谈谈在企业资金运动方面，厂长应具备哪些基本知识。

一、构成劳动手段的固定资产是企业的主要生产条件和物质技术基础，在固定资产形成生产能力交付生产使用之前，处于基本建设阶段，它的资金

来源是国家用于扩大再生产的再分配资金。厂长必须知道有关工业基本建设方面的各项方针、政策，了解基本建设计划的内容与基建投资拨款的程序；掌握基本建设工作中设计、施工、安装等主要阶段的内容；并具备能够分析基本建设投资经济效果的能力。

二、固定资产形成生产能力交付生产使用以后，厂长要了解固定资产的特点，企业固定资产的构成，以及固定资产与低值易耗品划分的界限。厂长不仅要熟悉固定资产增减变动的各项政策界限，而且要深入认识固定资产再生产与局部再生产的规律性。因此，应对固定资产折旧的提取，更新改造资金的形成与使用范围，固定资产大修理费用的预提，大修理基金的形成与使用范围等内容有进一步了解。厂长要善于组织固定资产的日常管理工作，特别是做好生产设备的维修保养工作，充分挖掘设备利用的潜力，具备能够分析固定资产利用效果的能力。

三、构成劳动对象主要内容的原材料也是企业的主要生产条件之一。储备资金、生产资金、成品资金的占用，构成企业的定额流动资金，这是企业经常用于周转垫支的资金。厂长要了解企业流动资金的特点，企业流动资金的构成，定额流动资金核定的方法，以及企业各项资金的来源。厂长要善于组织好流动资金的日常管理工作，具备能够分析流动资金利用效果的能力。

同时，厂长还要了解：（1）现金、银行存款、有价证券、外汇等货币资金管理的规定；（2）各种银行借款的用途；（3）不同的银行结算方式的应用；（4）企业支付能力的分析等方面的基本知识。

厂长要比较熟悉企业内部形成与国家拨入的资金有哪些不同的资金渠道；以及各项专用基金如更新改造资金、大修理基金、职工福利基金、科技三项费用等的专门用途，知道并遵守各项基金管理的规定。

四、马克思说："生产行为本身就它的一切要素来说也是消费行为。"①任何生产都有两重性：一方面，消耗劳动手段、劳动对象和劳动者的劳动；另一方面，创造新的产品。产品成本是企业生产产品所发生的各种消耗的货币表现。因此，产品成本既与生产有关，又与产品分配有关。加强成本管理，不断降低产品成本，是加速社会主义现代化的需要，是发展生产力的需要，也是发扬党的优良传统与作风的需要。

厂长必须通晓有关产品成本的理论；熟悉并模范遵守成本开支的范围和各项费用开支的标准；善于组织和发动群众，采取措施，提高材料、能源的利用效果。

厂长要知道各项消耗定额的内容与制定的方法，并具备以下有关知识：（1）物资管理体制方面的主要内容，以及材料的供应、采购、储备等工作的方法；（2）劳动方面的各项方针、政策、工资总额的组成，工资附加费提取的方法，以及职工福利基金支出的范围；（3）车间经费、企业管理费的内容，费用预算控制与日常管理的方法。

厂长要熟悉厂内各车间、部门的技术经济指标变化等产品成本的影响情况。厂长要善于利用成本综合性指标分析新产品设计、工艺改进方案以及技术措施的经济效果，搞好企业的革新、改造、挖潜工作。厂长要组织领导广大职工做好成本的事先控制，在执行成本计划过程中进行成本监督以及成本分析和成本调整等工作，并对这些工作的基本内容有所了解。厂长必须知道在厂内建立原始记录，加强计量工作，加强定额管理，加强在产品的管理，加强外协管理等工作的基本知识，组织领导广大职工做好企业管理的基础工作。此外，厂长必须通晓有关经济核算的理论，了解建立厂内经济核算的原则与方法，以及在企业内部组织与建立经济核算体系的

---

① 《马克思恩格斯选集》（第 2 卷），第 93 页。

有关问题。

五、厂长在组织企业生产经营活动中，除了生产计划这一中心环节务必完成和超额完成外，还必须注意抓好履行企业交货合同的问题，保证完成产品销售计划。厂长要熟悉产品的销售去向、签订销货合同的内容，产品包装、发运工作的内容等。同时，必须具备对生产销售的产品进行市场调查，开展销售预测分析的能力。此外，还要对（1）销售收入的管理；（2）税金的缴纳；（3）企业利润的形成；（4）利润率指标的分析；（5）营业外收支的内容；（6）利润留成与利润分配的方法等有所了解。

除上述两方面内容外，伴随企业物资运动和资金运动的信息运动在企业中是客观存在着的。企业内部从各项原始记录、凭证、账簿到内部外部报表，形成了一个完整的经济情报体系。厂长不仅应善于组织利用各种计算手段，包括逐步采用现代化的电子计算机开展企业内部的各种核算工作，而且要能借助正确地、及时地反映多方面情况的科学指标体系，掌握生产经营活动的概况，作为进行日常管理控制与决策的科学依据。因此，厂长必须能够阅读各种会计、统计、业务核算的报表，根据报表指标提供的线索，初步分析生产经营活动的成绩与存在的问题。

厂长要具备在生产经营活动中，通过资金调度平衡进行企业供、产、销综合平衡的能力。

厂长要熟悉企业经济活动分析的方法，分析和评价企业生产经营活动的经济效果，依靠广大职工群众开展增产节约运动，不断挖掘企业内部增产节约的潜力。

最后必须强调指出，厂长除具备上述经济管理的各方面的基本知识外，更重要的是必须正确运用马克思主义哲学、政治经济学和科学社会主义的立场、观点、方法，分析并解决企业中复杂的理论问题和实践问题；善于正确处理企业内部大量存在的人与人的关系，才能完成企业的各项任务，为社会主义现代化事业做出贡献。

原载于《经济与管理研究》1980 年 1 月

浅谈工业企业经济活动分析的方法

随着全党工作着重点的转移，根据现代化建设的要求，企业整顿的重点要转到以生产为中心，以提高经济效果为重点，提高企业生产水平、技术水平和管理水平上来。要切实整顿好企业，实现管理的科学化，按照客观经济规律办事，企业在普遍实行厂内经济核算制的同时，要积极开展经济活动分析工作，这是国家经委确定今年工业企业要花大力气抓好五个方面工作中的一项工作。

在社会主义现阶段，由于存在着商品生产和货币交换，企业的生产经营活动同时存在着物资运动和物资价值形态的资金运动，两者紧密联系而又相对独立。物资运动是资金运动的基础，资金运动则是物资运动的反映。两种运动结合起来，就能较完整地反映工业企业物质资料的再生产过程。

工业企业物质资料再生产过程也是生产关系再生产过程，无论它是以实物形态还是价值形态表现，都反映着社会主义的各种经济关系。在实际工作中，我们见到的企业经济活动，其现象极其复杂，但实质上是以物为形式，以生产关系为内容，从数量增减变化反映物，也是反映与物结合的人与人的关系。

工业企业物质资料再生产过程也必然是作为生产条件的劳动三要素合理

组织与结合的过程。我们所见到的企业经济活动，物资、资金收支极其频繁，但归根结底，总是在社会资源有限的条件下，合理组织生产力诸因素，充分合理地加以利用，提高其利用的效果，顺利地进行企业再生产过程，在生产经营的实践中达到预期的经济效果。

要对企业客观的经济活动有正确的认识，从而有效地改造客观世界，首先必须认识社会主义生产关系自身矛盾变化的规律性，按照社会主义原则和共产主义精神正确处理各种经济关系；同时也必须认识社会主义生产力自身矛盾变化的规律性，要求以最少的劳动耗费取得最多的有用成果，合理利用劳动、物资资源，提高企业生产经营的经济效果，才能正确贯彻执行党的路线、方针、政策，加快社会主义现代化建设的进程。

经济活动分析就是不断认识和总结企业生产实践，科学地总结过去，按照客观的经济规律的要求，有效地指导生产实践的方法。在实际工作中，不少先进企业把经济活动分析概括为"三找、一达到"，即通过对比分析，找差距、找原因、找措施，达到挖掘增产节约潜力的目的。因而经济活动分析也是揭露矛盾，分析矛盾，促进矛盾向有利方面转化的有力武器。

实践是认识的基础。经济活动分析是依据大量实际资料对客观的生产实践进行分析、综合、判断、推理，对企业的经济活动由感性认识上升到理性认识，再用于指导实践。因此，经济活动分析方法的基本要点必须是坚持实践第一的观点，开展调查研究，坚持群众路线，提倡实事求是的科学方法。

"所谓分析，就是分析事物的矛盾。"分析的方法就是辩证的方法。经济活动分析必须以辩证唯物主义为指导，从实际出发，运用对立统一的观点来揭露矛盾和分析矛盾。对待一切事物要一分为二，要通过事物现象的分析揭示问题的实质。在实际分析工作中，既要重视成功的经验，又要注意失败的教训。既要分析积极、有利的因素，又要分析消极、不利的因素。既要分析

经济方面的因素，又要分析技术方面的因素。既要挖掘物的潜力，又要挖掘人的潜力。例如，在产品成本分析工作中，既要看到在提高成本的反面因素中，有合理的因素，也有降低的因素；又要看到在降低成本的正面因素中，有不合理的因素，也有提高的因素。分析实践证明：分析企业的复杂的经济活动，一定要分清客观的因素与主观的因素；分清主要因素与次要因素；分清事物的主流与事物的支流；防止一种倾向掩盖着另一种倾向，要在事物的相互联系中，由此及彼、由表及里地做综合性的分析研究。在多种矛盾中找出主要矛盾，在复杂的因素中找出起决定性的因素。要统筹兼顾，合理安排，集中力量解决主要矛盾，但也不能忽视次要矛盾的解决。要提高对企业经济活动规律性的认识；要有预见性地解决处于萌芽状态的不平衡因素与薄弱环节；要最有效地运用劳动、物资资源，全面提高企业生产经营的经济效果，多、快、好、省地进行社会主义现代化建设。

事物之间的差别是客观存在的，比较就在所难免；差别的客观存在为比较提供了条件，而有意识的比较帮助人们更好地认识差别。在经济活动分析一般方法中，经常做如下的对比：

（1）实际与计划指标对比，说明计划完成的程度，揭示脱离计划的偏差，为进一步综合分析提供方向。

（2）同种指标在不同时间上对比，可以观察事物发展变化的方向与趋势。

（3）同种指标在不同条件上对比，便于发现薄弱环节，促进事物向有利方面转化。

（4）有关指标相互对比，研究事物之间的因果关系与平衡关系，探求事物发展变化的实质。

经济活动分析过程的基本要点大体上概括了分析的一般方法。

1. 提出课题，明确要求

企业在进行经济活动分析之前，一般应根据企业管理上的需要、企业中心工作的要求，以及计划执行过程中已发现的具体问题，确定分析的课题，明确分析的要求，拟订分析工作的计划或纲要，并且做好适当的安排，以便有计划有步骤地开展分析工作。分析课题的安排和提出既要全面综合，又要指出分析的重点。

2. 收集资料，掌握情况

企业进行经济活动分析时，必须先收集内容真实、数字正确的资料。分析所需的资料是多方面的，不仅要收集各种核算的实际资料，还要收集有关的计划、定额资料；不仅要收集有关的数据资料，还要收集会议记录、决议、纪要、报告、备忘录等文字资料；不仅要收集日常活动的资料，而且要收集专门调查的专题资料；不仅需要国内同行业先进水平企业的有关资料，还需要国际水平企业的有关资料；不仅要有数据、文字的资料，而且要掌握活的情况等等。

3. 对比分析，揭露矛盾

认识客观事物发展的规律性，首先要从揭示事物的矛盾开始。企业进行经济活动分析时，主要是运用对比分析的方法，揭露矛盾，寻找差距，发现问题。只有通过对比，找出差距，才能分清先进与落后，成绩与缺点，节约与浪费等等。只有通过对比分析，才能检查党的路线、方针、政策贯彻执行的情况。只有认识事物发展的差别性，才能揭示事物的本质，掌握事物发展变化的规律。人们常说："不比不知道，一比吓一跳"，说明了"有比较才能有鉴别"的道理。

4. 分析原因，抓着关键

通过对比揭露矛盾，只能看出数量上、现象上的差异，不能说明差异的

实质。因此，还必须深入地综合研究，分析造成差异的多种原因，找出主要原因，抓着主要矛盾。在实际工作中，首先要从总差距着手，按其发生的时间、地点，研究这些结果形成的过程。其次，将有关因素加以分类，衡量诸因素对计划完成结果的影响程度，在相互联系中找出起决定作用的主要因素。最后，综合全面地分析各方面因素对计划完成的影响程度及其方向，才能抓着问题的关键。

5. 提出措施，改进工作

揭露矛盾、分析矛盾是为了解决矛盾。分析工作的最后阶段，应根据分析的结果，认真总结经验教训，发扬成绩，克服缺点，乘胜前进。企业要依靠群众，针对生产经营中的关键问题和薄弱环节，提出措施，挖掘潜力，改进工作，提高企业生产经营的经济效果。同时，必须注意抓好措施的实现与检查，继续开展经济活动的分析工作。只有不断解决出现的新矛盾与新问题，才能不断提高企业的科学管理水平。

在辩证唯物主义方法论的指导下，经济活动分析还要采用某些统计、数学等具体辅助的方法。这些辅助方法是多种多样的，采用哪些方法，要依分析的目的、企业的特点、掌握资料的性质和内容来决定。但是不论采取哪种辅助方法，都不应脱离分析一般方法的原则。

在实际工作中，通常应用的辅助方法主要是因素分析法。

一些综合性经济指标的变动往往受很多因素的影响，其中有些因素起积极作用，有些因素起消极作用，而在起相同作用的因素中，又有主次与影响程度的不同。必须溯本求源，寻根究底，把构成综合性指标的各项原始因素进行分解，测定这些因素变动的影响程度，以便查明原因，明确责任，便于提出措施，改进工作。这种把综合性指标分解为各个原始因素的方法，称为因素分析法。

因素分析法一般要点如下：

（1）确定某项指标是由哪几个因素组成，各因素排列要遵循正确的顺序。

（2）确定各因素与某项指标的关系，如加减关系、乘除关系、乘方关系、函数关系等。

（3）根据分析的目的，把因素进行分解，测定某一因素对指标变动的影响方向与程度。

例如，甲产品4月份计划总成本5 000元（计划产量1 000件×计划单位成本5元），实际总成本4 950元（实际产量1 100件×实际单位成本4.50元）。总成本是一项综合性指标，不能从直接对比中做出判断，需要进行因素分析。

第一，初步对比分析：

计划总成本：计划产量1 000件×计划单位成本5元＝5 000元

实际总成本：$\dfrac{\text{实际产量1 100件×实际单位成本4.50元＝4 950元}}{\text{甲产品总成本实际比计划降低50元}}$

（1）实际总成本为计划总成本的99%$\left(\dfrac{4\ 950}{5\ 000}\times100\%\right)$

（2）甲产品产量实际比计划增长10%$\left(\dfrac{1\ 100-1\ 000}{1\ 000}\times100\%\right)$

（3）单位成本实际比计划降低10%$\left(\dfrac{5.00-4.50}{5.00}\times100\%\right)$

第二，测定各因素对总差异（绝对数）的影响程度。

［①式］计划数：

$$1\ 000\text{件}\times5\text{元}＝5\ 000\text{元}$$

［②式］置换第一因素：（用实际产量代替计划产量）

$$1\ 100\text{件}\times5\text{元}＝5\ 500\text{元}$$

②式-①式（+）500（产量变动影响成本增加）

［③式］置换第二因素：（用实际单位成本代替计划单位成本）

（实际数）1 100 件×4.50 元＝4 950 元

③式-②式（-）550 元（单位成本变动影响成本降低）

两项因素变动综合影响的结果：500-550＝-50（元），甲产品总成本实际比计划降低 50 元。

此外，还要测定各因素对总差异（相对数）的影响程度。

实际总成本＝［1 000 件×（1+10%）］×［5 元×（1-10%）］＝4 950 元

实际总成本为计划总成本的%＝（1+10%）×（1-10%）＝99%

上述分析初步表明：甲产品实际总成本为计划总成本的 99%，是由两个因素变动影响的结果：实际产量比计划增加 10%；实际单位成本比计划降低了 10%。

第三，层层分解，分析各构成因素的影响。

产品产量和单位产品成本是构成甲产品总成本的两项因素，它们自身又是由许多因素所构成的。因此，还应当层层分解，分别确定它们各自构成因素的变化对它们的影响程度。

现仅以单位产品成本指标为例说明如下：

甲产品单位成本指标实际比计划降低 10%，影响变动的因素如下表所示。

甲产品单位成本分析表

××年 4 月　　　　　　　　　　　　　　　　　　单位：元

成本项目	计划数	实际数	比较（+、-）		每项差异对总差异的百分比（%）
			绝对数	相对数	
材料	2.00	1.80	（-）0.20	（-）10%	40.0
燃料及动力	0.50	0.40	（-）0.10	（-）20%	20.0

成本项目	计划数	实际数	比较（+、-）		每项差异对总差异的百分比（%）
			绝对数	相对数	
工资及附加费	1.00	0.95	（-）0.05	（-）5%	10.0
车间经费	1.00	0.90	（-）0.10	（-）10%	20.0
企业管理费	0.50	0.45	（-）0.05	（-）10%	10.0
合　计	5.00	4.50	（-）0.50	（-）10%	100.0

从上述分析表看出：甲产品单位成本降低 10%，是由于各成本项目普遍下降形成的。其中，降低幅度较大的为燃料及动力，降低了 20%。其次为材料、车间经费、企业管理费，各降低 10%。在单位成本总的降低额中，材料占 40%，比重最大，燃料和动力、车间经费均占 20%。因此，应根据因素分析初步提供的线索，层层分解，深入实际，结合具体情况，进一步分析各原始因素变动的情况，以便查明原因，发动群众，采取措施，巩固成绩，克服缺点，深挖增产节约的潜力。

因素分析法也称为连锁代替法。通过上述实例，可以概括为简单的经济数学公式。

设某一经济指标 N 是由相互联系的 A、E、C 三个因素所组成（假定三个因素的乘积是经济指标 N 的值），例如，材料消耗总额（元）= 产品产量（件）×单位产品材料消耗定额（公斤）×材料单价（元），则其计划指标 N_0 是 A_0、B_0、C_0 三个因素综合影响的结果，其实际指标 N_1 是由 A_1、B_1、C_1 三个因素综合影响的结果。用下列公式表示：

$$N_0 = A_0 \times B_0 \times C_0$$

$$N_1 = A_1 \times B_1 \times C_1$$

该指标 N 实际脱离计划的差异（$N_1 - N_0 = D$）同时受 A、B、C 三个因素

变动的影响。在测定各个因素的变动对指标变动的影响程度时，首先要把第二、第三两个因素视为假定不变（即固定在计划水平），单独确定第一个因素变动的影响。然后，在第一个因素已变的基础上，把第二个因素视为可变，继续把第三个因素视为假定不变，以便单独确定第二个因素变动的影响。如此顺序计算，直到分别确定各个因素变动的影响程度为止。综合各个因素变动的影响程度，则必然和它们总的变动的影响程度相符合。

计算公式如下：

$$N_0 = A_0 \times B_0 \times C_0 \qquad ①$$

$$N_2 = A_1 \times B_0 \times C_0 \qquad ②$$

②$-$① $= N_2 - N_0$……由于 $A_0 \rightarrow A_1$ 的变动所发生的影响。

$$N_3 = A_1 \times B_1 \times C_0 \qquad ③$$

③$-$② $= N_3 - N_2$……由于 $B_0 \rightarrow B_1$ 的变动所发生的影响。

$$N_1 = A_1 \times B_1 \times C_1 \qquad ④$$

④$-$③ $= N_1 - N_3$……由于 $C_0 \rightarrow C_1$ 的变动所发生的影响。

将各个因素变动的影响程度加以综合如下：

$$(N_1 - N_3) + (N_3 - N_2) + (N_2 - N_0) = N_1 - N_0 = D$$

分析的结果同指标 N 实际脱离计划的总差异 D 是相等的。可见，连锁代替法是在对比分析的基础上加以应用的，是对比分析法的发展和补充。

在实际工作中，还要结合应用其他一些辅助的方法。如：根据实际资料，运用事物间的联系，结合具体情况，推算数据资料，以便预见发展趋势的估算法，还可以细分为估算数字法、比例推算法、平衡推算法、平均数推算法等等。为了使分析对象更加明确，分析多种现象间的依存关系，对比各因素的作用，可以采用把同一类因素加以归类的分组法。为了分析总体内构成各因素变动对总体所起的作用，可以采用结构分析法。为了表明现象间的联系与因果关系，将有关的统计资料以平行排列的形式进行对比，可以采用平行数列法。为了分析企业各技术经济指标之间的平衡与比例关系，揭示事物发展不平衡的现象，可以恰当地通过各种平衡表而采用平衡分析法。为了表明一定时期事物发展的规律性和变化趋势，可以采用动态分析法。为了研究经济现象之间的联系和依存关系，运用数字函数确定关系的紧密程度，可采用相关分析法等等。

对事物发展的进程与计划完成的程度进行预测分析，一方面能及时实现企业领导生产经营的各项决策，保证完成国家计划与合同任务；另一方面能及时采取必要措施，防止薄弱环节的形成。因此，预测分析的方法在经济活动分析方法中占着重要的地位。在科学的预测分析方法中，经济数学模型是表明事物发展趋势的一种常用的预测方法。例如，在及时总结、推广计划执行过程中出现的先进经验与形成的有利因素时，加以因势利导，通过测定各项技术经济指标的变化，应用数学方程式，在生产预测的基础上预测产品成本水平的变动等等。

现仍以因素分析法中的实例数字，应用预测成本水平变动的数学模型分析如下：

设：C^-——单位产品成本降低率（%）

M——原材料、燃料、动力变动的百分比

a——该成本项目占单位产品成本的百分比

N——产品产量完成计划的百分比

ηN——产品产量增长的百分比

L——劳动生产率完成计划的百分比

ηL——劳动生产率增长的百分比

ηW——平均工资增长的百分比

ηEx——综合费用增长的百分比

则：

$$C^- = M \times a_1 + \frac{\eta L - \eta W}{L} \times a_2 + \frac{\eta N - \eta Ex}{N} \times a_3$$

按下列资料代入公式，其结果与上述计算相同：

甲产品成本分析表

××年4月

成本项目	计划数		实际数	增、减	按产量+10%	实际数比
	金额（元）	比重	（元）	百分比	调整计划数	调整数增、减
材料	2 000	40%	1 980	−1%	2 200	−10%
燃料及动力	500	10%	440	−12%	550	−20%
工资及附加费	1 000	20%	1 045	+4.5%	1 100	−5%
车间经费	1 000	20%	990	−1%	1 100	−10%
企业管理费	500	10%	495	−1%	550	−10%
合　计	5 000	100%	4 950	−1%	5 500	−10%

$$单位产品成本降低率 = (10\% \times 40\%) + (20\% \times 10\%) + \left(\frac{10\% - 4.5\%}{110\%} \times 20\%\right) +$$

$$\left(\frac{10\% - (-1\%)}{110\%} \times 20\%\right) + \left(\frac{10\% - (-1\%)}{110\%} \times 10\%\right) = 10\%$$

国外企业的经济分析经验证明：运用最小平方法进行产品长期销售趋势预测；运用损益两平分析方法预测获取一定数额利润情况下所必须达到的产品销售量；运用回归分析方法进行企业长期财务预测等等，对我们开展经济活动分析辅助方法的研究也有一定的参考价值。

通过上述经济活动分析方法的初步探讨，我们深深体会到：马克思主义的辩证唯物论和政治经济学为企业经济活动分析的方法论奠定了科学的理论基础。企业领导同志和广大职工群众认真学好马克思主义哲学和政治经济学，对于提高分析能力，搞好工作，实现企业科学化的管理，无疑将会起着重要的作用。

原载于《企业管理》1980年3月

怎样分析工业企业生产经营活动的经济效果？

近两年来，关于提高工业企业生产经营活动经济效果的重要性，已逐渐为更多的人所认识。工业企业只有合理利用劳动、物资资源，不断地降低产品成本，做到用最少的人力和物资消耗取得最好的经济效果，才能增加社会主义盈利，加快社会主义现代化建设的进程。

工业企业怎样开展经济活动的综合分析工作，怎样评价企业生产经营活动的经济效果，这是企业按照客观经济规律办事、实现企业管理科学化的一项主要内容，也是理论上和实践上迫切需要研究、探讨的问题。

评价工业企业生产经营活动的经济效果，就要对企业产值、成本、资金、利润等进行综合分析。具体地说，可以从四个方面加以综合分析与考察：第一，企业一定时期内的生产成果满足社会需要的效果如何；第二，企业一定时期内人力、物力、财力方面利用的效果如何；第三，企业一定时期内生产耗费方面的效果如何；第四，企业一定时期内生产经营的总效果如何。这四个方面虽各自从不同侧面说明企业生产经营活动的效果，但是有着极为密切的联系。现分别论述如下。

一、综合分析企业生产成果满足社会需要的效果

在企业销货合同执行情况的分析中，交货合同完成率指标反映了企业一

定时期内履行交货合同的程度，它与价值形态的商品产值、产品销售收入等指标结合一起，就能完整地反映和评价企业生产成果满足人民和社会需要的程度。

企业一定时期的生产成果满足社会需要的效果如何，取决于一定时期产品销售的数量。产品销售数量取决于产品的产量、产品销售数量、取得销货收入的产品数量，因而也取决于在产品数量的变化和库存产成品余额变化的情况。

销售商品产值（产品销售收入）＝按现行批发价格计算的总产品产量±期初期末在产品余额变动差额±期初期末库存产成品余额变动差额±期初期末发出商品余额变动差额

现将某企业××年×月有关产品生产和销售指标的资料列下：

产品	计量单位	单位产品出厂价格（元）	产量		成品库存		销售量				
			计划	实际	月初	月末	合同订量	实际数			
								合计	合同供货	合同外供货	完成合同
甲	台	550	2 000	1 800	10	30	2 000	1 780	1 780		89%
乙	台	450	1 000	1 000	120	140	1 000	980	980		98%
丙	台	350	2 000	2 200	300	100	2 000	2 000	2 000	400	120%
丁	台	125	1 600	1 600			1 600	1 600	1 600		100%

上述资料表明：甲产品产量不仅只完成计划的90%，而且增加了月末成品资金的占用，只完成销货合同的89%。乙产品产量虽然完成了生产计划，但是月末也增加了成品库存，只完成了合同规定交货量的98%。丙产品完成了生产计划的110%，完成了销货合同规定的交货量的120%。丁产品是企业根据市场需要补充安排生产的产品，虽已按合同完成交货任务，但企业很可能由于安排了丁产品的生产而影响了国家任务的甲产品生产计划的完成。企业实际销货合同完成率指标

为 94.69% $\left(\dfrac{(1\ 780\times550)\ +\ (980\times450)\ +\ (2\ 000\times350)\ +\ (1\ 600\times125)}{(2\ 000\times550)\ +\ (1\ 000\times450)\ +\ (2\ 000\times350)\ +\ (1\ 600\times125)}\times100\%\right)$。

企业品种计划完成率指标也只完成了 97.5% $\left(\dfrac{90\%+100\%+100\%+100\%}{4}\right)$。

二、综合分析企业人力、物力、财力利用的经济效果

在一定时期社会资源有限的条件下，工业企业生产经营活动的经济效果不仅表现在增产更多更好的产品满足社会的需要方面，而且还表现在提高劳动生产率，提高设备利用率，节约材料、能源消耗，合理地占用资金，不断降低产品成本，增加企业盈利，全面提高人力、物力、财力利用的经济效果，为社会主义现代化积累资金方面。

企业一定时期内人力、物力、财力利用的经济效果如何，一般用全员劳动生产率指标反映人力利用的效果，用百元固定资产生产产值、百元材料费用生产产值等指标反映物力利用的效果，用产值资金率、经营资金周转率等指标反映财力利用的效果。

$$\dfrac{\text{工业总产值}}{\text{（按固定价格计算）}} = \text{全员劳动生产率}\times\text{职工平均人数}$$

$$= \dfrac{\text{百元固定资产}}{\text{生产产值}}\times\dfrac{\text{工业固定资产原值}}{100\ \text{元}}$$

$$= \dfrac{\text{百元材料费用}}{\text{生产产值}}\times\dfrac{\text{本期耗用材料费用}}{100\ \text{元}}$$

$$= \dfrac{\text{定额流动资金平均占用}}{\text{产值资金率}}\times100\ \text{元}$$

$$\text{经营资金周转率} = \dfrac{\text{销售商品产值（产品销售收入）}}{\text{工业固定资产原值}+\text{定额流动资金平均占用}}$$

三、综合分析企业生产耗费的经济效果

工业企业的生产过程同时也是生产耗费的过程，生产耗费与生产成果是

生产过程中对立而又统一的两个方面。产品成本作为生产中的耗费，与产品的生产过程有着不可分割的联系。因此，产品产量的多少，产品质量的高低，劳动生产率增长与否，工时利用的情况，材料、能源消耗的水平如何，设备是否有效的利用，各项费用支出节约与否，企业生产水平、技术水平和管理水平的高低，都综合反映在成本指标中。因此，成本指标是反映和评价企业生产耗费经济效果的重要指标。企业一定时期内生产经营的经济效果可以通过成本与收入、劳动耗费与生产成果进行比较，从生产耗费方面来综合反映企业生产经营的经济效果。

计算每百元销售收入平均耗费多少销售成本，称为销售成本率指标，这个指标是企业一定时期的收入与成本对比，直接反映了销售成果与生产耗费的比例关系。由于销售成本率的高低与企业实现利润的多少成反比例关系，因此，它不仅直接反映了企业一定时期内实现的经济效果，也间接反映了满足社会需要的成果与企业取得这些成果所耗费劳动之间的比例关系，即所费与所得的比较。但是，由于一定时期内产品的销售量与产品的生产量还有差别，产品销售成本与产品生产成本并不一致，因而，销售成本率指标还不能反映出一定时期内企业生产耗费的真实情况与当期成本管理工作的水平。

计算每百元产值平均耗费多少生产成本，称为产值成本率指标。这个指标使企业一定时期的生产成果与劳动耗费对比，直接反映了成果与耗费的比例关系。产值成本率指标可以反映当期产品的综合成本水平，可以体现企业在一定时期内是否以较少的劳动消耗取得较好较多的生产成果。由于影响产值变化的因素极其复杂，如：产值计算的内容存在虚增虚减情况，新老产品计价的基础不同，又因现实产品价格中存在着不少的问题，因而影响各期成本指标的对比性。在实际分析工作中，为了使产值与产品成本口径一致，在计算产值时，应扣除来料加工和工业性作业价值，在产品总成本中也要相应减去这两项的加工成本。在同实际产值成本率指标与计划产值成本率指标进行分析比较时，还要注意扣除产品品种结构变化的影响，这样就能直接对比生产耗费的增减变化，考核生产耗费水平及其经济效果。

$$销售成本率 = \frac{产品销售成本}{产品销售收入} \times 100\%$$

$$产值成本率 = \frac{产品总成本-来料加工成本-工业性作业成本}{商品产值（现行价格）-来料加工价值-工业性作业价值}$$

四、综合分析企业生产经营活动的总效果

工业企业利润是职工创造的物质财富的一部分，是生产成果补偿生产耗费并扣除应缴国家税金以后的盈余部分，是企业的纯收入，是实现社会主义现代化建设的主要资金来源。

利润指标是衡量和评价企业生产经营活动总效果的一项重要指标。在社会主义阶段商品货币经济存在的条件下，企业生产经营活动的总效果如何，可以通过利润额的高低来衡量和表现。在实际工作中，还要用销售利润率指标表明企业一定时期每百元产品销售收入可以获得多少利润，说明产品销售收入与利润的比例。同时，还要用经营资金利润率指标来表明企业一定时期每百元固定资产与平均占用的定额流动资金获得多少利润，说明每投资百元经营资金取得的经济效果多少，表明经营资金与利润的比例。

企业一定时期生产经营活动总效果的指标如下：

经营资金利润率 = 经营资金周转率 × 销售利润率

$$= \frac{产品销售收入}{固定资产原值+定额流动资金平均占用额} \times \left(\frac{产品销售利润}{产品销售收入} \times 100 \text{元}\right)$$

$$= \frac{产品销售利润}{固定资产原值+定额流动资金平均占用额} \times 100 \text{元}$$

在按社会劳动量制订价格的条件下，市场调节实际上是价值规律的调节。社会主义的市场竞争实际上是价格竞争，主要表现为产品成本水平的竞争，

表现为企业个别劳动耗费与社会平均劳动耗费的较量。降低产品成本是增加企业盈利的主要途径，产品成本指标是企业经营决策的主要依据，关系企业的发展和命运。用成本指标考核和评价企业生产经营活动的经济效果，易于排除客观因素影响，反映企业主观努力的程度，克服只用利润一条杠子计算利润留成所产生各企业间苦乐不均的弊病。有些企业实际利润增长而消耗并未下降，这是由于企业可以用多种办法，如改变品种结构、变相调高价格、在自销产品中不合理地侵占商业利润等来增加利润。但是，利润指标比成本指标更具有综合性。考核利润指标有助于促进企业供销平衡，增加生产，扩大销售，实行优质优价，提高产品质量。在利润留成的情况下，利润多少直接关系到职工物质利益，看得见，摸得着，促进作用很大。可见，成本与利润两者所起作用不同，不能彼此代替。因此，评价企业生产经营活动的经济效果，必须把成本与利润指标结合起来分析考察，才能得出正确的结论。

综合上述几方面分析的过程，可以清楚地看到：要做好全厂生产经营活动经济效果的综合分析工作，企业必须开展全面的经济核算，首先必须建立全厂性生产经营活动经济效果的指标体系。从产品设计开始，到用户使用产品的全过程，都要提高经济效果，做到人人、处处、事事都讲究经济效果。要完善以会计核算为中心的信息系统和核算工作体系，并从组织上、制度上加以保证。这是开展全厂性经济效果综合分析工作的前提。目前工业企业中反映生产经营活动经济效果的指标不全，数字不准，指标计算口径尚不统一，实际上会影响综合分析工作的质量，不利于提高经济效果和改善经济管理。

原载于《企业管理》1981 年 1 月

成本管理在扩权试点企业管理中的地位与作用

　　我国现阶段的社会主义经济存在着商品生产和商品交换，价值规律必然起调节作用，国民经济必须实行计划调节与市场调节。在按社会劳动量制订价格的条件下，市场调节实际上是价值规律的调节，市场竞争实际上是价格竞争。而社会主义的价格竞争则主要表现在各企业间产品成本水平的竞争，表现在企业个别劳动耗费与社会平均劳动耗费水平之间的较量。扩权试点的实践证明，社会主义各企业之间的竞争是企业改进经营管理、提高经济效果的外部压力，企业内部实行物质利益的原则是企业提高生产水平、技术水平和管理水平的内部动力。因此，各扩权试点企业在竞争中必须十分注意价值的生产和实现，讲究经济效果，降低产品成本，增加利润。成本管理在扩权试点企业管理中的地位与作用日益重要，在全面经济调整、改革的新形势下，我们必须对加强成本管理工作的重要性有新的认识。

　　成本是商品货币经济条件下的一个经济范畴，它对社会主义经济建设事业的重要性是客观存在的。因为人类社会的存在与发展在于增产更多的剩余产品，减少商品中 C+V 的耗费，这已成为各种社会经济形态自觉遵守的共同规律，其本质的区别在于各种社会经济形态降低成本的目的与方法不同罢了。

在社会主义条件下，我们用什么途径和方法来降低产品成本是我们必须研究的任务。

成本管理在扩权试点企业管理中的重要地位与作用，表现在以下四个方面：

第一，成本是反映再生产过程生产、流通、分配、消费的一个客观经济范畴。

在物质资料生产的过程中，产品的创造和生产条件的消耗同时发生。生产耗费的具体内容极为复杂，千差万别。生产资料的实物形态多种多样，人们具体的劳动又极为不同，在社会主义现阶段，把它们综合起来的唯一尺度是货币度量。把货币表现的生产耗费称为生产费用。企业为生产和销售一定产品所支出的生产费用称为产品成本。企业只有从实物和价值两方面合理补偿生产耗费，才能顺利地进行再生产过程。可见，成本既与生产有关，又与产品的分配有关。在商品、货币存在的条件下，人们只有借助商品的价值量来衡量商品使用价值的生产、流通、分配和消费。

在实行计划调节与市场调节相结合的原则下，企业产品成本的高低直接关系到企业在市场上的竞争能力。企业产品成本高，盈利小，甚至亏赔，不仅产品销售困难，资金不能及时收回，无力支付采购材料费用和工资，而且低于成本出售，生产耗费得不到补偿，就不能进行简单再生产，企业的生产就很难维持下去。因此，成本管理在企业生产经营管理中的重要地位和作用是客观存在的。

企业财会部门要及时地提供成本的真实资料，为企业领导决策提供信息。然而要使一个企业产品成本不断地降低，真正在市场上具有竞争能力，又必须由企业各个部门共同努力，发动全厂广大职工群众从技术经济、生产组织、经营管理各个方面，加强成本管理，挖掘增产节约潜力，开辟降低成本的途径。

第二，在产品价格形成中，产品成本是价格最低的经济界限。成本管理与核算是企业全面经济核算的中心问题。

不少扩权试点企业一般在加强企业内部经济核算工作中，十分注意考核成本指标的完成情况，并作为厂内实行奖励、分配经济利益的主要依据之一。例如，四川 5 个自负盈亏试点企业之一的成都电线厂，在厂内各车间实行了按成本利润率指标的完成情况进行内部利润分成，按成本降低额的多少，费用预算包干的成绩确定得奖额，收到了降低成本、增加利润的明显效果。又如，重庆特殊钢厂转炉车间职工把生产管理与日常成本控制结合起来，计算出转炉生产每缩短冶炼时间 1 分钟，可以降低成本、增加企业净收入 24 元。这样，职工有了明确的目标，因而促进了车间增产节约运动扎扎实实地开展。

但是，大多数企业，包括不少扩权试点企业在内，由于多年来"极左"路线的干扰破坏，只讲生产，不讲成本。经济体制上自负盈亏，吃大锅饭。从理论到实践，加强成本管理成了"禁区"，致使成本成了"大酱缸"，无所不包，可伸可缩，乱挤乱摊，随心所欲，企业在成本开支方面无法控制，这样，成本在企业经营管理方面的作用自然得不到发挥。甚至有些企业，可以根据领导意图，人为调剂成本。企业财会部门利用"材料价格差异""在产品成本""待摊费用"等项目，作为调剂成本虚高、虚低的调节器。可见，成本不真实是目前成本核算工作中突出的问题。成本不真实给国民经济调整和改革带来了十分不利的影响。由于成本不实，必然引起利润的虚假。虚降成本的结果是虚增利润，如果国家以这样虚假收入安排支出，必然导致国民经济出现某种混乱。如果国家以虚假的成本作为依据来确定产品价格，必然导致商品的价格更加背离价值。如果虚增成本，虚减利润，实际上化大公为小公，企业多得，滥发奖金，使苦乐不均的现象更为严重。这样，不仅使国

家遭受损失，而且破坏了党风，严重损害了党在群众中的威信。据1980年12月2日中央广播电台报道，四川省5个自负盈亏试点企业之一的四川第一棉纺织印染厂，虽然在试点工作中取得了显著的经济效果，但是，由于人为调剂成本，少报利润361.4万元，按企业应缴纳的所得税率计算，该厂少缴的所得税使国家财政收入减少240多万元。因此，各试点企业更要扎扎实实加强各项基础工作，实行企业全面经济核算，依靠职工群众在降低产品成本上出主意，想办法，发挥成本管理应起的作用。

第三，产品成本是反映企业生产经营活动经济效果的主要指标之一。

产品成本是反映劳动消耗效果的综合性指标。单位产品成本、百元产值成本、成本利润率指标，在企业经济效果的指标体系中与利润指标具有相同的重要地位。

用成本指标考核和评价企业生产经营活动的经济效果，易于排除客观因素，反映企业主观努力的程度，克服只用利润一条杠子计算利润留成会产生苦乐不均的弊病。不少扩权试点企业，实际利润增长，而产品成本并未下降。例如，成都机械系统中，某一个试行金额利润留成的企业，根据1979年基数利润留成和超计划利润分成办法实际上缴财政利润的情况，预测1980年改为全额利润留成办法和1981年改为自负盈亏以税代利的办法以后，三种办法在三年间的情况比较如下表：

（单位：千元）

年度	实现利润总额	上缴国家财政	企业基金	备注
1979	17 000	15 610	1 390	1979年实际百元产值成本54.25元
1980	17 000	14 610	1 390	根据1980年1至9月实际百元产值成本62.63元预测
1981	16 574	13 590	2 983	企业基金按实现利润18%计留

企业可以用多种办法，如改变品种结构，大利大干，无利不干；对快销短缺产品，以次顶好，偷工减料，有的变相抬高价格；或在工业自销产品过程中不合理地侵占商业利润；有的倒手转卖短缺材料、物资，从中渔利；有的甚至弄虚作假，偷税、漏税，谋取企业私利等。而在实际工作中，如企业为了环境保护、治理污染等支付的费用往往又不能以数量计算其利润多少而说明它的经济效果如何等。据了解，自负盈亏试点的四川第一棉纺织印染厂，1980 年 1 至 9 月份，由于改变生产品种结构，增加化纤产品生产比重，约占实现利润的 37.2%。

可见，如何全面评价和考核工业企业生产经营活动的经济效果，怎样正确估计成本管理工作在全面经济调整、改革中的地位和作用，这是一项急待研究和探讨的问题。

第四，加强成本管理，不断地降低产品成本，是企业增加利润、实现社会主义生产目的的重要手段。

成本管理在企业管理中的地位是以承认利润在社会主义企业的合理性为前提的。在产品价格不变的情况下，成本和利润是此消彼长的。加强成本管理的出发点和归宿点，都是为了减少物化劳动和活劳动的消耗，增加企业利润。企业只有不断地降低产品成本，才能在市场上具有竞争能力，才能促进生产的发展和增加企业利润，才能实现国家多收、企业多留、职工多得。降低产品成本，就意味着生产经营活动中人力、物力的节约，资金占用的减少。国家可以把降低成本而增产的产品，加快社会主义现代化建设的步伐。

从我国现实情况出发，节约材料、能源消耗、降低产品成本具有十分重要的意义。改进产品设计和制造工艺，采用合理配方与套裁下料的方法，选择适宜的材质，代用经济的材料、能源，使用新型材料，充分合理利用本国资源，降低消耗定额，解决材料的综合利用，改进材料的供应工作，减少中

间环节，降低材料的采购、运输、保管费用等，均能不断地降低材料、能源成本。当前，燃料、电力严重不足，能源利用效率低，已成为我国国民经济的薄弱环节，因此，提高能源的利用效果，千方百计节省能源消耗，降低能源成本，尤其重要。企业还必须注意提高设备的生产率和利用率，减少废品损失，节约管理费用，严格按成本开支范围和各项费用支出标准开支，厉行节约，杜绝一切浪费与损失。这就要求各扩权试点企业必须改善经营管理，在降低产品成本上下硬功夫，提高企业竞争能力，实现更多的利润，上缴国家财政，以促进国民经济稳步前进，人民生活有所改善。例如，重庆矿山机械厂在国家生产任务大量减少的情况下，面向市场，积极发展适销对路的吊货电梯等新品种。该厂为了有效地加强成本管理，在企业内部实行"目标计划，控制成本，预测水平，分解指标"等措施，提高了企业的经营管理水平，降低了产品成本，预计仍可实现上年利润水平。据估计，仅全国扩权试点企业，每降低产品成本 1%，国家可增加财政收入约 12.6 亿，增收潜力很大。

此外，切实搞好国民经济的调整工作，缩短基本建设战线，提高投资效果，合理配制生产力，实现合理的经济结构，贯彻执行正确的技术政策，合理安排国民经济计划等方面，从国民经济全局和战略上降低产品成本。

综上所述，成本管理在扩权试点企业管理中的地位十分重要，作用日益明显。因此，评价与考核扩权试点企业生产经营活动的经济效果，就不能只以利润作为唯一分成、纳税的指标，还必须切实考核成本指标的完成情况，把成本与利润的考核紧密地联系起来，并和实物形态指标，如产量、品种、质量、销货合同完成率等指标的完成情况结合起来考察，才能做出正确的评价。

原载于《财会通讯》1981 年 1 月

成本管理概论

产品成本的高低决定着企业能否为社会提供更多的物美价廉的产品，以满足社会的需要；决定着企业能否取得更多的盈利，为社会主义现代化建设积累资金；也决定着企业在商品经济中有无竞争能力，实现社会主义扩大再生产。可见，产品成本是涉及企业对社会贡献大小和企业前途命运的重大问题。企业加强成本管理，不断地降低产品成本，是提高企业盈利水平的主要途径。但是，成本管理是一个涉及面广且相当复杂的综合性管理工作，急待解决和研究的问题很多。现仅就成本管理的一些基本问题概述如下。

一、产品成本的经济内容

工业企业为了生产一定产品，要发生各种各样的生产耗费。产品的生产过程同时也是生产耗费的过程。产品的创造和生产条件的消耗是同时发生的。生产耗费的具体内容极为复杂，千差万别，生产资料的实物形态多种多样，人们的具体劳动又极为不同，把它们综合起来的唯一尺度就是货币。用货币表现的生产耗费称为企业生产费用。企业为生产和销售一定品种、一定数量的产品所支出的生产费用称为产品成本。一批产品的这种支出的费用总和，称为该批产品的总成本。单个产品的这种支出的费用总和，称为产品的单位

成本。

我国现行制度规定的产品成本的内容，包括下列七个成本项目：（1）原材料；（2）燃料和动力；（3）工资；（4）提取的职工福利基金；（5）废品损失；（6）车间经费；（7）企业管理费用。

产品成本反映了企业一定时期生产的总消耗水平，是一项综合性指标，也是衡量企业经营管理水平的一个重要标志。企业劳动生产率的高低，材料、能源消耗是否节约，设备是否充分利用，费用开支是否合理，产品数量的多少，产品质量的好坏，设计、工艺是否先进合理，以及企业经营管理的水平等，都会直接间接地从产品成本上得到反映，通过成本指标，可以从消耗方面反映企业生产经营活动的经济效果。

产品成本是一个客观的经济范畴，表现为多种多样的具体形态。但是，归根到底，只有商品生产中的生产耗费才核算产品成本。从产品成本的经济实质看，它是产品价值的一部分，是产品价值中的 C（转移到产品中已被消耗的生产资料的价值）和 V（劳动者支出的必要劳动所创造的价值）两大部分的总和。

产品的价值与产品的成本不仅在包含的内容上有差别，而且在价值量的决定上也有差别。产品生产中的劳动耗费，即产品的价值量（C+V+M）是按社会必要劳动时间计算的；产品成本只是企业生产这种产品所耗费的 C+V 部分的个别劳动时间计算的。因此，产品成本不能理解为劳动耗费，而是资金耗费的货币综合反映。

产品成本是产品价值的一部分，产品成本的内容应该包括构成产品价值的一切生产性支出，它不应包括不构成产品价值的非生产性开支。但在实际工作中，为了适应计划管理和经济核算的要求，在保证成本的组成和它客观经济内容一致的前提下，国家规定的成本开支范围往往包括了不形成产品价值的损失性费用，以及实际上属于国民收入再分配的利息支出等，以提高成本的综合反映作用。而与产品价值形成有关的科研费用和新产品试制费等生产性支出则规定不在成本中开支。与资本主义企业产品成本指标绝对保密的情况相反，社会主义国家为了使同类产品便于分析比较，统一规定了成本的开支范围，使产品成本正确地反映了企业生产耗费水平，合理地规定产品价格，巩固企业的经济核算，实现以企业的销售收入补偿支出，从而确定企业的盈利水平，促使企业关心提高生产经营的经济效果。

产品的价格是产品价值的货币表现。在现实经济生活中，产品的价格同它的价值可能有一定的背离，但总的说来，国家关于产品价格的确定是以它的价值为基础的。因此，从个别企业看，降低了产品成本，社会增加企业的盈利。照理说职工在生产过程中为社会劳动创造多少价值，就应该在销售过程中实现多少。可是，为什么各企业的利润水平有所不同，有的甚至亏损呢？这一方面是因为受价格水平的影响，另一方面受产品成本是节约或浪费，以及成本计算是否真实的影响。如果个别企业的产品耗费的劳动时间与社会必要劳动时间相等，那么，企业利润或亏损中就包含了价格高于或低于产品价值的部分。如果个别企业产品耗费的劳动时间大于或小于社会必要劳动时间，那么，企业利润中就包含了个别劳动时间高于或低于社会必要劳动时间的差额。如果产品成本计算不真实，企业利润中就包含了虚增虚减的数额。目前有一些企业，成本管理混乱，弄虚作假，大搞铺张浪费，请客送礼，巧立名目，滥发奖金，虚列开支，乱挤乱摊成本。企业虚增成本，虚减利润，就会化大公为小公，虚减成本，虚增利润，就会掩盖企业经营管理不善的真相。成本指标不真实，就会损公肥私，截留利润，侵犯国家利益，影响国家财政收入任务的完成。加强成本管理，严肃财经纪律，也是当前整顿好企业的一项主要内容。

二、成本管理在企业管理中的地位与作用

成本管理在企业管理中的重要地位与作用，表现在以下四个方面：

1. 产品成本是计算生产耗费及其补偿的重要工具

企业生产经营活动的最终成果就在于以自己生产的产品满足社会需要，取得销售收入，补偿生产中的耗费后获得较多的盈利，为积累资金多做贡献。因此，企业只有准确、及时地计算产品成本，从实物和价值两方面合理补偿生产耗费，才能顺利地进行再生产过程。成本作为计算生产耗费及其补偿的工具，既与生产有关，又与产品的分配有关。在商品经济存在的条件下，人们只有借助商品的价值量来衡量商品使用价值的生产、流通、分配和消费。如果企业的产品成本高，不仅销售困难，资金不能及时收回，无力支付采购材料费用和工资，而且产品低于成本出售，生产耗费得不到补偿，就连简单再生产也很难维持下去。列宁曾经指出，如果对于产品的生产和分配不实行全面的国家计算与监督，那么劳动者的政权，劳动者的自由，就不能维持下去，资本主义压迫制度的复辟就不可避免。

2. 在价格形成中，产品成本是制订产品价格的最低经济界限

社会主义经济是建立在公有制基础上的商品经济，价值规律仍然发生作用，产品的价格对生产和流通仍有很大影响。对于企业来说，产品价格的高低直接影响企业的盈利水平。制订产品价格，要根据产品的社会必要劳动量，而社会必要劳动量又是以产品成本为基础确定的。可见，产品成本是制订产品价格的最低经济界限。企业生产产品的个别劳动耗费只有低于社会必要劳动耗费水平，不断地降低产品成本，才能为进一步降低产品价格、提高自己产品的竞争能力创造条件。

3. 产品成本是企业进行经营决策，核算经济效果的重要因素

企业在生产经营过程中，对重大问题进行决策时，必须全面考虑，衡量利弊得失，其中分析决策方案的经济效果十分重要。而考察和分析方案的经济效果时，产品成本是一个重要因素。

企业只有开展生产经营活动全过程的核算，才能为企业经营决策提供正确的、灵敏的经济信息，而企业全面经济核算的中心问题是成本核算问题。在实际工作中，确定和考核采购成本、生产成本、销售成本、产品设计成本、新产品试制成本、技术措施项目成本以及挖、革、改工程项目成本等等，对提高生产经营活动的经济效果有着重要的意义。在全面经济核算中，用成本指标考核和评价企业生产经营活动的经济效果，易于排除客观因素的影响，更多地反映了企业主观努力的程度。

4. 加强成本管理，不断地降低产品成本，是企业增加利润、实现社会主义生产目的的重要手段

加强成本管理，就是为了减少物化劳动和活劳动的消耗，增加企业利润。降低成本，增加利润，使国家和企业有更多的资金，用于改善人民生活，增加职工的收入。工业产品成本的降低也是降低生活资料价格、提高城乡人民生活水平的前提。

从我国现实情况出发，降低产品成本大有潜力。以每吨生铁为例，全国重点企业的平均成本，1979 年为 146.12 元，历史较好水平为 105.08 元，而有些小企业则高达 1 000 余元。企业之间成本高低的差距不小，说明降低成本的潜力很大。节约材料、能源消耗，是降低成本的一项主要途径。改进产品设计和创造工艺，采用合理配方与套裁下料的方法，选择适宜的材质，代用经济的材料，充分合理地利用本国资源，提高能源利用效率，千方百计节约能源，降低消耗定额，开展综合利用，改进材料供应工作，降低材料的采

购、运输、保管费用，以降低材料、能源成本。企业还必须注意提高设备的利用率，减少废品损失，节约管理费用，严格按成本开支范围和各项费用支出标准开支，厉行节约，杜绝一切浪费与损失，在降低成本上下硬功夫。据估计，我国工业产品成本约占工业总产值的70%左右，如以年工业总产值4 000多亿元计算，工业产品成本每下降1%，国家可以增加财政收入30亿元左右。可见，不断降低产品成本对全面经济调整和现代化建设的顺利进行是极为重要的。

三、成本管理的内容与要求

成本管理就是依据客观经济规律的要求，对产品成本进行预测、计划、控制、核算、分析和检查等具体管理工作。成本管理主要是对各项费用支出进行计划、指导和控制；对人力、物力的使用进行管理，以期达到人尽其才，物尽其用，既合理又节约。但是，费用的支出，资源的消耗，是在企业整个生产经营过程中发生的。因此，企业各部门、各环节组织管理是否科学、合理，对成本水平影响很大。从这一意义上说，成本管理是一项涉及企业生产经营各环节的工作。要想把这项工作搞好，企业领导必须动员广大职工群众，依靠生产、技术、经营各部门紧密配合，共同努力。既不能把成本管理仅仅看成是"算算账"的问题，也不能把成本管理看成是企业财会部门一个部门的工作。

成本管理的内容有：

第一，搞好成本预测，确定目标成本。

过去企业的成本管理工作多从控制方面考虑，主要是不让成本超支。现在则要从全局的战略观点着眼，首先要搞好成本预测，确定目标成本，作为制订成本计划的依据。

企业在做好市场预测、品种预测、利润预测以后，能否实现效果，实现多少，关键要看成本降低多少。如果目标成本不能实现，企业目标利润也就没有实现的基础。目标成本是指企业在一定时期内产品成本应达到的水平，它是成本管理工作的奋斗目标，其计算公式如下：

$$单位产品目标成本 = 预测单位产品售价 \times （1-税率） - \frac{利润目标}{预测产量}$$

通过厂内外调查取得的数据和企业本身将要采取的降低成本的重大措施，经过科学地计算，预测企业近期与长期产品的成本水平与发展趋势。

第二，做好年度成本计划，确定和落实年度降低成本的措施。

成本计划必须从整体利益出发，严格执行国家的政策和统一的国民经济计划，认真研究和制订降低成本的主要措施，推动企业从各方面节约人力、物力、财力，不断提高企业生产经营的经济效果。

第三，实行成本控制，加强产品成本的日常管理。

成本控制是在成本形成过程中对成本的具体管理工作。事先进行细致的严格控制，切实限制各种费用和消耗的发生，及时发现和解决产生的问题。不仅在生产过程中控制成本的发生，不超过计划的规定，而且在材料投产前，从设计阶段开始就要注意分析设计、工艺的经济效果，杜绝先天性的损失浪费发生，控制成本的形成。同时，要加强产品成本的日常管理，建立一个以成本形成的材料、工资、费用的归口管理，和厂部、车间、班组分级管理的责任成本的管理体系。

第四，准确、及时地核算产品成本，保证成本指标的真实性与可比性。

成本核算是把企业为生产产品实际发生的生产费用，按照其用途，并按一定的产品，进行汇集、分配、再汇集、再分配的过程，从而确定产品的实际总成本和单位成本。

在实际工作中，准确地核算产品成本，就必须严格地遵守国家规定的成

本开支范围，划清：①产品生产费用和非产品生产费用的界限；②本期生产费用和非本期生产费用的界限；③各种产品之间的费用界限，④完工产品与在产品之间的费用界限；⑤同类品种中不同规格产品成本之间的界限。那种根据领导意图，人为调剂成本，或利用"材料价格差异""在产品成本""待摊、预提费用"等项目作为调剂成本虚高、虚低的调节器等做法，是损公肥私、侵犯国家利益的错误行为。

产品成本是按照生产工艺过程逐步形成的，因而产品成本计算的方法取决于生产工艺的特点与管理的要求。企业在遵守国家统一规定的原则下，分别制订不同行业不同类型的企业成本核算规程，以便进行同产品成本的厂际对比分析，促进增产节约运动的深入开展。成本计算方法一经确定，在一般情况下，不宜任意变动，以保证成本内容的可比性。

成本核算要建立在可靠的数据和资料的基础上。通过企业整顿，切实加强各项基础工作。首先，加强定额管理，定额是用料、用工、用钱的标准，是控制、核算成本的依据，也是考核人力、物力、财力消耗的重要依据。同时还要健全原始记录，严格计量、验收和物资收发领退制度。要特别注意加强车间在产品和中间库在产品的管理，要有灵敏的成本信息资料。所有这些，是准确、及时地核算产品成本的重要条件。

第五，认真开展成本分析与考核工作。

成本分析是对实际成果进行评价，也为未来的成本管理和降低成本途径指出努力方向的工作，是加强成本管理的重要环节。只有科学地总结过去生产经营的实践，认识其规律性，才能预测未来的发展和控制现在的进程。

在成本分析中，从产品设计、工艺等环节进一步挖掘降低成本的潜力尤为重要。在实际工作中，长期存在技术和经济脱节的现象，如片面追求某些过高的质量标准，在产品设计中多留"保险系数"，"一笔值千金"的现象仍然存在。在生产过程中，大材小用、优材劣用等浪费损失比比皆是。可见，对产品成本进行技术经济分析，是成本分析工作的一个方向。此外，结合我国实际，学习和吸收国外成本管理的一些方法，如管理会计、价值分析等有用的部分，对提高我国成本分析工作的水平，是十分有益的。

为了正确评价企业成本管理工作的成绩，提高企业的成本管理水平，节约生产耗费，还要认真进行成本的考核工作，并把成本考核与建立企业经济责任制、实行经济利益的原则正确地结合起来。在实行成本检查工作的同时，尽快实施成本的立法工作。（附成本管理系统图示）

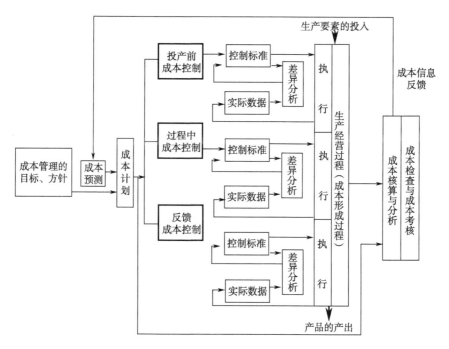

成本管理系统图示

从上述成本管理的内容可以看出：第一，在企业整个生产经营过程中，伴随成本的形成过程，企业内部所有阶段和所有环节都要进行成本管理。第二，成本的形成受各种技术、经济因素的影响。因此，还必须实行成本综合

性的管理。第三，企业为了达到降低成本的目标，就必须在生产经营过程中做到有计划地事先控制和预测，预防问题的发生。第四，进行成本管理，应在掌握确切数据的基础上，准确计算产品成本，分析经济效果。有条件的企业可以运用现代数学方法和电子计算机进行成本管理的数据运算与处理。第五，搞好成本管理工作，一方面要提高专职人员的业务水平，具有深入生产、技术、经济各领域，发现和解决成本问题的能力；另一方面要依靠广大职工群众，结合生产岗位的本职工作来加强成本的日常管理。

此外，加强企业的成本管理还必须注意宏观经济决策对企业产品成本的影响。如基本建设的合理布局，资源的利用和开发，投资方向的确定，技术政策的制定，专业化协作关系的安排，经济体制的改革，国外技术的引进，以及国民经济调整方针的贯彻执行等，均要注意从战略上、全局上促进整个社会产品成本的不断降低。

本文为满国良与王又庄教授合著作品

原载于《经济与管理研究》1982 年 1 月

谈谈工业产品成本的预测

工业企业在做好市场调查、销售预测、品种预测、利润预测以后，能否实现经济效果，实现多少，关键要看成本降低多少。因此，成本预测是决定经济效果的中心环节，如果成本目标不能实现，利润目标也没有实现的基础。由于产品成本变动受产品设计、生产周期、工艺技术水平、生产经营，以及计划安排等因素的影响，成本预测就是分析研究各种因素与成本的依存关系，结合发展前景和采取的各种相应的措施，利用大量的观察数据，运用一定科学的方法，如判断性预测法、趋势外推法、数学模型法等对一定时期的成本水平、成本目标进行测算、分析和预见，使企业成本管理工作更加符合客观规律的要求。

成本预测的目的有二：一是为挖掘降低成本的潜力指明方向，作为计划期降低成本决策的依据，二是指明企业内部各单位降低成本的方向和途径，作为增产节约计划中降低成本措施的依据。在社会主义制度下，成本预测是编制企业产品成本计划过程中必不可少的科学分析阶段。

工业产品成本预测有下列几方面基本内容：

第一，在编制成本计划阶段预测目标成本。

目标成本是指一定时期内产品成本应达到的水平。企业在编制成本计划

阶段，根据厂内外调查取得的品种、产量、质量、价格的预测和目标利润等资料，以及决定采取的降低成本的重大措施，经过科学的计算，预测近期和长期的产品目标成本。

在实际工作中，一般多应用下列几种方法：

1. 选择国内外同产品的先进成本水平，或本企业的历史先进水平作为目标成本；也可以按平均先进水平的定额成本，或本企业上年实际平均成本，并按上级下达的成本降低率测算后的成本水平作为计划期的目标成本。

2. 按经营资金利润率水平测算企业的目标利润；根据市场调查与销售预测，在一定价格水平下，预测企业计划期产品销售收入，并在此基础上按下列公式预测目标成本：

$$\begin{matrix}\text{按市场可接受的价格}\\\text{计算的产品销售收入}\end{matrix} - \begin{matrix}\text{按经营资金利润率}\\\text{水平测算的目标利润}\end{matrix} - \text{税金} = \text{目标成本}$$

3. 在保证全面完成各项技术经济指标的基础上，预测企业年度（或季度）降低成本的目标，测算是否达到上级的要求。此外，也可以测算双赶超成本（赶超国内外、同行业同产品的先进成本水平）、计划成本等作为目标成本。

4. 为了保证产品总成本预测水平的可靠性，运用数学模型，预测计划期主要产品单位成本降低的幅度，并据以向各车间、部门提出降低成本的具体要求，发动群众，制定增产节约措施。

一般按下列数学模型测算：

$$\begin{matrix}\text{预测主要产品}\\\text{单位成本降低率（\%）}\end{matrix} = \left(\begin{matrix}\text{原材料成本}\\\text{变动\%}\end{matrix} \times \begin{matrix}\text{原材料成本项目占}\\\text{单位成本的比重}\end{matrix}\right) +$$

$$\left(\begin{matrix}\text{燃料及动力成本}\\\text{变动\%}\end{matrix} \times \begin{matrix}\text{燃料及动力成本项目}\\\text{占单位成本的比重}\end{matrix}\right) +$$

$$\left(\frac{\text{劳动生产率增长\%} - \text{平均工资增长\%}}{\text{劳动生产率完成计划的\%}} \times \begin{matrix}\text{工资成本项目占}\\\text{单位成本的比重}\end{matrix}\right) +$$

$$\left(\frac{产量比计划增长\%-费用增长\%}{产量完成计划\%}\times\frac{车间经费、企业管理费成本}{项目占单位成本的比重}\right)$$

5. 对可比产品成本的历史资料进行分析研究，运用高低点法、回归分析法预测在计划期内产量变化条件下的总成本水平与成本发展的趋势；运用线性规划，合理安排生产各要素，预测计划期产品成本的最低水平；运用投入产出法预测计划期期末产品总成本水平等。

第二，在生产预测分析的基础上进行期中成本预测。

期中成本预测是事先计划阶段目标成本预测的继续和发展。通过期中成本预测，可以揭示前一阶段成本计划执行的过程，并在期中生产预测的基础上预测成本计划是否按时完成。这样，一方面能及时实现企业生产经营的目标，保证全面完成企业计划任务；另一方面能及时采取针对性措施，防止薄弱环节的形成，预见事物发展的进程，挖掘降低成本的潜力。在实际工作中，期中成本预测主要是分析各项技术经济指标变动与成本的关系，建立一定的数学模型，预测计划期末的产品成本水平与降低的幅度。

第三，结合日常生产管理，分析车间主要技术经济指标变动与单位产品成本的关系，预测期末的单位成本水平及其变动趋势。

在实际工作中，常用下列几种方法：（1）预测产品产量变动对成本的影响；（2）通过等级品率、废品率等指标变动，预测产品质量变动对成本的影响；（3）预测产品品种变动对成本的影响；（4）通过测定各项技术经济指标，如劳动生产率、工时利用率、合格率、高炉利用系数、铸锭收得率、钢材成材率、铸造单位面积造型产量、车床利用率、成纱率、制成率、成品率等指标的变化对成本的影响，在日常成本管理中预测成本发展变化的趋势等。

第四，通过成本指标的分析比较，预测各项技术经济工作的经济效果，为选择方案并进行决策分析提供依据。

在实际工作中，一般有下列一些内容：（1）运用新产品设计、工艺成

本，预测新产品设计、工艺的经济效果；（2）运用技措项目成本预测技术组织措施的经济效果，（3）运用设备更新改造项目成本，预测设备更新改造资金的使用效果等。

在上述几方面成本预测工作中，影响产品成本水平的各项因素，如产量、品种、质量、目标利润等不仅涉及它们之间与成本的关系，表现为直线、曲线、函数的关系，而且对产品价格、变动成本、固定成本等不稳定的波动因素，还需要进行概率评价，以鉴定成本预测的准确程度。这样，才能更准确地确定生产的经济批量，完成目标成本，以达到预测的利润水平。

原载于《经济与管理研究》1982 年 3 月

怎样正确计算新产品的设计成本？

新产品的设计成本是新产品正常投产后的产品成本水平，正确计算和分析新产品的设计成本，是产品设计的经济效果分析中选择最优方案的重要依据。新产品的设计成本可以根据不同的条件，采取不同的方法确定。但在实际工作中，一般多按成本项目精确计算，也就是遵从产品成本计算的基本方法来确定产品的设计成本。

现以设计年产 50 万吨的钢铁厂为例，说明按工艺流程，分成本项目，计算产品设计成本的方法如下：

第一步，根据生产工艺流程和产品加工步骤，确定成本计算对象，并根据一定的生产技术条件，计算各项技术经济定额、各加工步骤的投入、产出量，进而计算各步骤加工对象对材料、能源的需求量。

例如，设计的钢铁厂拟年产板坯 520 千吨（见表一），根据板坯连铸车间的生产技术条件，并参考相同条件的其他厂的资料，拟订其收得率为 89.7%，从而计算出应投入钢水 580 千吨以及其他物料需用量。同理，可逐步求得以前各步骤的材料、能源需求量。

第二步，根据生产工艺过程、生产组织的特点和管理要求决定成本计算的基本方法。如本例，由于钢铁厂具有大批大量的多步骤连续生产的特点，

所以，采用逐步结转分步法计算产品设计成本。

表一

工艺加工步骤		炼焦	烧结	高炉炼铁	转炉炼钢	板坯连铸
成本计算对象		焦炭 （吨成本，右同）	烧结矿	生铁	转炉钢	板坯
投入量（千吨） 产出量（千吨）		405 260 （收得率64.2%）	665 600 （收得率90.2%）	860 530 （入炉矿比1.623）	600 580 （收得率96.7%）	580 520（产成品） （收得率89.7%）
本步骤完工 半成品 （或成品） 每吨耗用量		煤炭1.56吨 电58度 水39m³ 高炉煤气1 039m³ 焦炉煤气96m³	铁矿石 825kg 电33度 高炉煤气258m³ 焦炉煤气25m³	焦比491kg 油比38kg 烧结1.13吨 电38度 水47m³ 高炉煤气830m³ 焦炉煤气38m³	生铁914kg 废钢121kg 热铁水比87.5% 电69度 水9m³ 焦炉煤气17m³	钢水1.12吨 电22度 水32m³
本步骤共用量	外购材料	煤炭405千吨 其他	铁矿495千吨 其他95千吨	块铁矿、球团 260千吨 重油及其他 45千吨	熔烧石灰 30千吨 其他20千吨	其他
	自制半成品 及副产品		筛烧结矿粉 65千吨 筛焦粉35千吨 铁皮10千吨	焦炭260千吨 烧结矿600千吨	生铁530千吨 废钢70千吨	钢水580千吨
	燃料动力	电15 000度 水10 000km³ 高炉煤气 270 000km³ 焦炉煤气 25 000km³	电20 000千度 高炉煤气 155 000km³ 焦炉煤气 15 000km³	电20 000千度 水25 000km³ 高炉煤气 440 000km³ 焦炉煤气 20 000km³	电40 000千度 水5 000km³ 焦炉煤气 10 000km³	电11 500千度 水16 500km³ 其他
生产副产品、废料 （应扣除成本）		筛焦粉35千吨 焦炉煤气 155 000km³	筛烧结矿粉 （自用）65千吨	高炉煤气 960 000km³	废钢（自用） 20千吨	废钢50千吨 铁皮10千吨

第三步，进行产品设计成本的计算。计算方法与产品实际成本的计算方法基本相同。现简略说明如下（见表二）。

表二　　　　　　　　　　　　　　（单位：千元）

		焦炭 260 千吨	烧结矿 600 千吨	生铁 530 千吨	钢水 580 千吨	板坯 520 千吨	产成品成本合计（还原后）	
							金额	单位成本
	自制半成品			67 840	96 990	126 440	—	（元/吨）
原材料	外购材料	30 950	23 000	13 815	7 035	5 200	80 000	
	（加）耗用副产品价值		1 970		6 000		7 970	
	（减）本车间生产副产品价值	-9 500		-9 600		-6 220	-25 320	
	小计	21 450	24 970	4 215	13 035	-1 020	62 650	120.48
	燃料和动力	6 300	4 500	11 350	6 810	3 920	32 880	63.23
	工资	156	180	300	360	240	1 236	2.38
	车间经费	6 038	2 838	10 725	8 221	6 292	34 114	65.60
	企业管理费	896	512	2 560	1 024	1 408	6 400	12.31
	合计	34 840	33 000	96 990	126 440	137 280	137 280	264.00
	单位成本（元/吨）	136	55	183	218	264	—	—

（1）"原材料"项目，根据表一的物料需求量及材料单价计算。例如，炼焦车间需用煤炭 405 千吨，每吨 70 元，计 28 350 千元，加上其他材料 2 600 千元，共计 30 950 千元。

在生产过程中，各步骤将生产各种副产品（如煤气）以及废料（如氧化铁皮、废钢等）都有一定的回收价值，应在材料成本项下扣除。为了分清经济责任，加强经济核算，本步骤使用其他步骤生产的副产品或废料，应加入本步骤材料成本项目中（本例中，各种副产品按下列计划单价计算：高炉煤气 0.01 元/m³，焦炉煤气 0.05 元/m³，废钢 120 元/吨，铁皮 22 元/吨，筛焦粉 50 元/吨等）。

（2）"燃料和动力"项目，同样应根据消耗定额、总需用量及其单价计

算。本例中，各步骤除回用高炉及焦炉煤气外，电力和水分别由本厂供电和供排水车间提供。因此，还应计算辅助生产车间的成本。本例中，假定按计划成本分配，电力每度 0.11 元，水每 m^3 0.07 元（计算过程从略）。

（3）"工资"项目，应根据各步骤所需生产工人数及计划平均工资确定。

（4）"车间经费"项目，分车间编制计算。"企业管理费"项目可分部门编制预算，然后汇总编制全厂企业管理费计划，再按一定标准分摊。本例中，假定全厂企业管理费 6 400 千元，炼焦分摊 14%，烧结 8%，等等。

（5）结转自制半成品成本。本例中，半成品完工后直接为下一步骤使用，可以按照半成品设计成本综合结转。例如：生产焦炭 260 千吨，其设计总成本为 34 340 千元，烧结矿 600 千吨，33 000 千元，全部由高炉炼铁使用，所以生铁的半成品项目共计 67 840 千元。同理，逐步结转，最后求出板坯的总设计成本为 137 280 千元，每吨设计成本为 264 元。

但是，往往由于条件不具备，或资料不齐全，不可能分成本项目精确计算，则可以采用概略计算法确定，即把新产品成本粗分为料、工、费三个项目，按其在成本中的比重来确定新产品的设计成本。

在新产品设计和工艺准备完成后，经过试制、鉴定，正式投产后，仍要分析研究新产品设计成本的实际执行情况，经过不断地总结，从中挖掘降低成本的潜力。

本文为王又庄教授与谭剑铁合著作品

原载于《财会通讯》1982 年 9 月

企业经济效益综合分析的理论与方法

党的十二大提出我国国民经济建设总的宏伟目标与战略部署以来，工业交通战线继续保持了较快的增长速度，经济效益有所提高，工作重点更加突出，国民经济逐步走上健康发展的轨道。国务院总理赵紫阳在六届人大一次会议作政府工作报告时，要求各地区、各部门和各企业事业单位都要制定提高经济效益的奋斗目标，提出具体措施，并且要一一落实。因而，怎样分析和评价企业的经济效益，这是理论上和实践上迫切需要研究、探索的问题。

一、企业经济效益综合分析的理论基础

经济效益是指社会主义生产和再生产过程中，劳动耗费和占用同劳动成果之间的对比分析，反映社会再生产过程中各个环节对人力、物力、财力的利用效果。所以，经济效益的提高，意味着活劳动和物化劳动的节约，意味着劳动产品超出维持劳动的费用而形成的剩余部分的增加。企业提高了经济效益，国家集中的纯收入增加了，才能为社会主义现代化建设和满足人民日益增长的物质文化生活需要提供物质条件。可见，提高经济效益是组织和管理社会主义经济的一项基本原则。

社会主义生产的目的是为了满足社会日益增长的需要，这是推动社会主

义生产发展的内在动力。马克思指出："没有需要，就没有生产。"（《马克思恩格斯选集》2卷94页）社会生产出来的产品只有符合社会的需要，人们的生产活动才是收到经济效益的劳动，如果社会生产的产品不能满足社会的需要，不适合人民现实购买力水平和国家投资水平的需要，这种生产对社会来说，不但无益，而且是一种极大的浪费，更谈不上有什么经济效益。因此，企业要经常研究市场供需状况的变化，建立一个反应灵敏、全面和传递迅速的经济信息网络，把企业的计划建立在经济预测和据此进行的科学论证的基础上，并且根据社会需要和市场的变化调整和修改计划，才能促使国民经济按比例地协调发展。

企业提高经济效益既要在实物形态上扩大生产成果，又必须减少生产耗费，实现商品使用价值和价值的统一。企业在生产过程中形成的经济效益通过流通过程实现，经济效益寓于生产和流通的统一之中。企业既要增产社会需要的产品，又要节约劳动消耗，实现增产和节约的统一，才能真正提高经济效益。企业如果只顾增产，反而增加了过多的消耗，或者只顾节约，而导致大量的减产与粗制滥造，也是一种极大的浪费，都是经济效益不好的表现。可见，提高产品质量、降低产品成本是企业提高经济效益的重要标志。

产品成本是商品货币经济条件下的一个经济范畴，它对社会主义经济建设事业的重要性是客观存在的。因为人类社会的存在与发展在于增产更多的剩余产品，减少商品中 C+V 的耗费，提高经济效益，已成为各社会经济形态自觉遵守的共同规律。其本质区别在于各社会经济形态降低成本的目的与方法不同罢了。会计产生于计量、核算生产耗费与剩余产品分配等管理的需要，通过商品的价值量来衡量商品使用价值的生产、流通、消费与分配，促使企业物质产品再生产过程的不断运行，合理组织劳动三要素，提高经济效益。在人们讲求经济效益的长期实践中，促进了会计的发生和发展。可见，会计不仅为人们分析与评价经济效益提供了大量、准确、全面的经济信息，而且对企业再生产过程起到组织、控制与协调的作用。通过对经济效益的分析与评价，可以正确认识经济活动的规律性，才能使人们自觉地按经济规律组织生产经营活动，从而发展经济，提高经济效益。会计反映与控制的职能为人们主动地干预事物的变化和发展指出正确的道路。

经济效益的综合分析就是不断认识和总结企业生产经营活动的实践，实事求是地总结过去，按照客观经济规律的要求科学地预测未来，严密地控制现在，有效地指导生产经营活动的方法。经济效益的综合分析就是依据以会计为主的大量资料和经济信息，对客观的生产经营活动实践进行分析、综合，把感性认识上升到理性认识，再用于指导实践，也是物质变精神、精神变物质的过程。综合分析的过程是由具体到抽象，再从抽象到具体的过程。只有运用综合分析的方法，才能从经济活动的大量经验资料中概括出它们共同的必然的本质。具体地说，企业经济效益综合分析的任务是：通过综合分析，评价企业生产经营活动的成果，促使企业增产适销对路、物美、价廉的产品，着眼于技术改造，挖掘企业内部潜力，努力降低材料、能源的消耗，减少资金占用，降低成本，增加盈利，提高企业的经济效益。

企业经济效益综合分析的主要内容有：（1）综合分析企业的生产成果满足社会需要的效果；（2）综合分析企业人力、物力、财力利用的效果；（3）综合分析企业生产耗费的经济效益；（4）综合分析企业生产经营的总成果等。

从企业经济效益综合分析的内容考察，在经济效益指标体系中，大部分指标要由会计核算所提供。例如，反映企业生产成果满足社会需要的效果指标中，不仅产品销售收入指标，要取自会计核算资料，而反映一定时期内工业生产新创造价值的工业净产值指标，也要依据会计部门编制的生产费用表

加以调整确定。至于物力、财力利用效果，资金占用，生产耗费，生产经营总成果等指标，则基本上由企业会计信息系统提供。企业经济效益的综合分析渊源于会计资金平衡表分析。在社会主义条件下，对生产和分配实行工人监督，废除商业秘密，对企业经营过程和财务成果实行监督，成为社会主义企业经济效益综合分析工作的有利条件。会计与讲求经济效益确实存在着天然的"血缘"关系。

二、企业经济效益综合分析的方法

认识客观事物发展的规律，首先要从揭示事物的矛盾开始。因而经济效益综合分析的最基本的方法是矛盾分析法。适用于经济效益综合分析的一般方法是定性分析法、定量分析法、因果分析法等等。定性分析法是判定事物所具有的各种因素、属性的方法。定量分析法是判定各种因素、属性的数值与数量关系的方法。只有对事物作了精确的数量分析，才能准确地判定事物的质以及质的变化。因果分析法则要求找到事物变化发展的根源，进而找出其规律性和必然性。在经济效益综合分析过程中，要把定性、定量、因果分析等方法正确地结合起来加以运用。

综合分析企业经济效益的方法，在实际工作中，主要是运用对比分析的方法，揭露矛盾，寻求差距，发现问题，总结经验。只有通过对比，才能检查党的路线、方针、政策贯彻执行情况。只有认识事物发展的差别性，才能揭示事物的本质，掌握事物发展变化的规律。综合分析时，经常用反映经济效益的实际指标与计划指标对比，揭示脱离计划的偏差。同时，在有关指标之间相互对比，研究事物之间的内在联系，深入认识事物之间的因果关系与平衡关系，探求事物发展变化的实质。

经济效益综合分析是研究如何正确地运用分析和综合的方法来评价企业

经济效益的科学方法。把系统地研究企业的经济活动和经营成果符合社会主义客观经济规律要求的程度，并揭示企业提高经济效益的规律性作为经济效益分析研究的内容。经济规律的客观性及其可认识性是经济效益综合分析方法的理论基础。企业会计核算、统计核算、业务技术核算与计划资料所提供的系统、准确的经济信息，是经济效益综合分析工作的前提条件。

综合分析企业的经济效益必须实现下列几个方面的结合：

第一，实物形态指标与价值形态指标相结合。

我国在公有制的基础上实行计划经济。有计划地生产和流通是我国国民经济的主体；同时，允许部分产品的生产和流通由市场调节，在国家统一计划的指导下，由价值规律自发地起调节作用。因此，社会主义生产目的的实现与经济效益的提高，不仅同使用价值的运动相联系，而且同商品价值的运动相联系。劳动消耗、劳动占用与经营成果的比较主要通过价值形式来表示。因此，综合分析企业的经济效益，一般要应用产值、收入、成本、资金、利润等价值指标来进行。但是，由于价值形态的指标曲折迂回地反映，往往并不能直接反映当期生产经营活动的成果。所以，就不能只从价值形态的指标完成方面做出企业经济效益好坏的评价，还必须结合实物形态的指标完成情况做出符合实际的综合评价。

当前我国正在调整各方面经济结构，进行现有企业的整顿，开展企业的技术改造，整顿和完善经济责任制，加快改革的步伐。在实行以税代利，以及商业系统完善经营承包责任制的过程中，必须整顿企业的财会工作，健全基础工作和财会制度，严肃财经纪律。必须十分注意产值、收入、成本、资金、利润等价值指标的作用与弊病。特别注意工业企业要从改善经营管理，发展品种，提高质量，降低消耗的情况，以及商业系统严格执行物价政策，搞好小商品经营，提高服务质量，搞好商品销售服务工作等方面，综合分析

和评价企业的经济效益。

第二，企业经济效益与全社会经济效益的结合。

社会主义制度下，社会物质资料再生产过程和企业物质资料再生产过程，全社会经济效益和企业的经济效益，通常是统一的，但有时也确实存在一些矛盾。企业的某项经济活动，从企业局部分析是有益的，取得了直接的经济效益，但从全局分析是无益的，甚至是有害的。既要分析企业在使用价值形态上扩大生产成果的同时，是否减少了生产耗费，是否实现了销售，满足了社会需要，上缴了税、利，实现了使用价值和价值的统一，而且还要分析企业的活动，是否破坏了自然资源与生态平衡，是否符合宏观经济的要求。企业不能只按自己的利益决定自己的经济活动，而且要从全社会利益出发，使自己的活动坚决服从全局的经济效益。综合分析的要点就在于把企业的经济效益和全社会的经济效益正确地结合起来。

在目前我国经济管理体制、经济结构、价格体系有待调整、改革的情况下，必须把宏观经济和微观经济两方面结合起来，综合治理，侧重从宏观经济决策方面注意加以解决。企业要从过去重点抓产值、速度转向注意抓产品质量、品种、消耗、成本；要从过去主要抓增产增收，转向既抓增产节约，又注意抓增收节支；要从过去主要抓外延扩大再生产，转向注意抓内涵扩大再生产；要从过去单纯生产型的管理转向生产经营型的管理；使微观经济与宏观经济的要求一致起来。

第三，政治、经济、技术各方面的结合。

企业经济效益的综合分析必须以国民经济的整体经济效益为出发点，从政治、经济，技术各方面结合起来加以研究。在建设、研制、生产过程中，综合分析不同的施工方案、设计方案、工艺方案、技术措施方案的经济效益时，必须从多方面进行经济可行性分析，权衡利弊得失，从中选择最优的方案。从技术方面，要求先进、适用、安全、可靠、耐用；从经济方面，要求节约人力、物力、财力，缩短建设或生产周期；从社会方面，要求保护生态、环境，保证人们劳动和生活的必要条件；从政治方面，有些方案要符合政治上特殊的要求和具有国防上的重要意义，以及援外、出口、创汇等需要，并在这些要求的条件下尽可能做到经济上的合理。企业经济效益综合分析的目的，就在于使全局与局部、长远与当前的利益正确地结合起来。

在我国现代化经济建设中，搞好新建项目和老企业技术改造项目可行性研究中经济效益的综合分析与国民经济评价，具有十分重要的现实意义。在方案选优过程中，可以运用建设项目投资估算数、产品设计成本等指标进行测算与比较，并运用效益成本分析技术，比较各方案的净效益、投资回收率。效益成本比率等指标加以分析确定，以便从根本上杜绝先天性的损失和浪费，而且为投资决策提供主要依据，以避免宏观经济决策的失误。

第四，直接经济效益与间接经济效益的结合。

体现在一个企业、单位经济实体范围内的经济效益，即企业的经济效益，可以称为内部的经济效益。由于该企业提高经济效益而与该企业相关的经济实体也会得到更多的利益，对该企业说，属于外部经济效益。内部经济效益和外部经济效益一般都可以直接计量，把两者的效益加在一起，称为直接经济效益。经济效益的综合分析还在于结合直接的经济效益，研究由于该企业经济效益的提高，而有关受益单位增加业务量，增加就业机会，从而取得的间接经济效益。间接经济效益一般是无法计量计算、比较复杂的问题。只有对复杂的因素进行深入细致的分析归纳，力求将无法定量分析的间接经济效益转化为可以定量计算或估算的因素，这种间接经济效益也可以称为波及经济效益。波及经济效益又会引起连锁反应，进而波及其他经济实体也收到了经济效益，即扩波经济效益，或称为迭加经济效益。除企业自身的内部经济

效益，即企业的经济效益外，其他外部经济效益、波及经济效益、扩波经济效益就是社会的经济效益。经济效益综合分析的基本要求就在于使企业经济效益和全社会经济效益正确地结合起来，达到整体与个别利益的统一。

综合上述，经济效益综合分析的实践表明：马克思辩证唯物主义是经济效益综合分析与评价的理论基础，是综合分析工作的指导思想。要做好经济效益综合分析的工作，企业必须开展全面的经济核算，完善经济责任制，建立全厂性生产经营活动的经济效益指标体系，从产品设计开始，到用户使用产品的全过程，都要注意提高经济效益，做到人人、处处、事事都要讲求经济效益。要健全企业的各项基础工作，要完善以会计核算为中心的信息系统和经济核算工作体系，并应从组织上、制度上加以保证。在经济效益综合分析的实践中，从宏观经济的重大决策到微观经济的具体措施，必须反复地权衡利弊得失，认真讲求经济效益，使经济效益有明显的提高，企业就能为增加国家财政收入，支援国家重点项目建设，作出新的贡献。只有这样，才会更加富有成效地实现我国现代化建设总的宏伟目标。

原载《武汉财会》1983 年 4 月

选择最优产品设计成本方案　提高企业的经济效益

　　工业企业在设计新产品或改进老产品时，应当通过各种不同产品设计方案，对经济效益的综合分析和评价，选定产品正常投产后成本较低的最优方案，即在投产之前就控制产品成本的形成，这是从根本上提高企业经济效益的有效措施之一。

　　综合分析和评价产品设计方案的经济效益是一项十分复杂的技术经济分析工作，必须从多方面进行周密的技术经济可行性研究和论证。从技术方面，要求先进、适用、安全、可靠、耐用；从经济方面，要求节约人力、物力、财力，缩短生产周期，实现最低的产品设计成本水平；从社会方面，要求保护生态、环境，保证人们劳动和生活的必要条件。有些方案还要符合政治上特殊的要求和具有国防上的重要意义，以及援外、出口、创汇等需要。因此，选择最优产品设计成本方案，进行国民经济评价，就能正确体现方案的技术先进性与经济合理性的结合，统筹协调，按客观经济规律办事，把全局与局部、长远与目前的利益较好地结合起来。

　　在实际工作中，产品设计工作初期，对于方案的研究多采用定性分析的方法，确定产品设计的方向与关键问题。随着产品设计工作的进一步开展，由定性分析向定量分析过渡，最后采用定量分析的方法决定方案的取舍，这

就是量变到质变思想在产品设计工作中的体现。

现以电视机设计改型为例，说明如下：

我国前几年电视机主要销售市场是面向城市和近郊。产品设计的主攻方向在于图像清晰稳定，音质优美动听，外形美观新颖，结构牢固可靠，等等。同时，考虑市场需求的特点，逐步向大屏幕机发展，并与家具设计、音箱设计和附件（如电视罩、电视灯）等设计结合起来。

目前农村市场购买力不断提高，现有电视机产品不能适应我国农村的客观条件与需求情况。因此，如何面向农村市场，为广大农民服务，就成为电视机设计改型亟待解决的问题。

结合我国农村需求的特点，产品设计改型的基本要求是：（1）考虑农村一家人住在一起，住宿面积宽敞，屏幕尺寸以 14 吋以上为宜；（2）由于电视播发设施多集中在城市，农村接收距离较远，电力输送分散，电压偏低，因此，要改进电源设计，提高接收灵敏度，加大信噪比，偏远地区要设计直流、交流电两用机型；（3）由于农村运输条件差，在确保电视机的稳定性和可靠性的同时，要加强对农村用户的技术服务工作等。此外，还要考虑一般用户与新婚户的不同要求。

例如，某电视机厂从面向城郊的 B_0 型电视机，改进设计为普遍面向城郊、兼顾农村需要的 B_1、B_2、B_3，B_{12}、B_{13}、B_{23}、B_{123} 等七种机型，测算各种方案的不同产品设计成本水平。然后，通过市场调查与销售预测，测算不同方案的产品销售价格与销售量，匡算不同方案的盈利水平。这项简要的分析一般属于产品设计的定性分析阶段。有关资料列表如下（见表1）。

在初步定性分析的基础上，还要进一步进行定量分析。

产品设计的定量分析可以结合上述各方案产品设计成本资料进行综合分析，简要说明如下。

表1 各产品设计方案有关资料对比

项目	原方案 B_0	新改型方案						
		B_1	B_2	B_3	B_{12}	B_{13}	B_{23}	B_{123}
性能特点	—	改进稳压电源，扩大电压范围	装置高压开关电源，降低电耗	高频头由多频道改为全频道	B_1+B_2	B_1+B_3	B_2+B_3	$B_1+B_2+B_3$
参数变动	—	电压下限由200伏扩大到150伏，上限由200伏，扩大到270伏	电耗由20瓦降至13瓦	原12频道改为48频道	B_1+B_2	B_1+B_3	B_2+B_3	$B_1+B_2+B_3$
用户类型	城郊	城郊与农村	城郊与农村	城郊与农村	城郊与农村	城郊与农村	城郊与农村	城郊与农村
设计成本（元/台）	300	305	303	330	308	335	333	338
预测单价（元/台）	350	350	350	385	350	385	385	385
单位盈利（元/台）	50	45	47	55	42	50	52	47
预测销量（万台）城郊	15	12	13	16	13	17	17	17
预测销量（万台）农村		10	7	5	8	7	6	8.5
预测销量（万台）合计	15	22	20	21	21	24	23	25.5
效益成本比率①	1.166	1.147	1.155	1.196	1.136	1.149	1.156	1.139
总盈利（万元）	750	990	940	1 155	882	1200	1196	1 198.5

注①：效益成本比率 $=\dfrac{\text{单位售价}}{\text{单位成本}}$。

第一步，根据评价不同设计成本方案应当遵循的原则，初步选择最优方案。

评价不同设计成本方案的原则是：（1）各设计方案在技术上都必须是可行的；（2）设计方案产生的效益（即产品销售收入）必须大于它的成本；（3）效益成本比率最高的方案，一般是最优方案；（4）设计方案必须从我国国情出发，照顾国力，并能充分利用本国资源，大力节约能源等。

因此，根据表1资料，初步选定新改型的 B_3 方案（其效益成本比率为

1.196，比其他方案略高）为最优方案。但是，效益成本比率虽然是选择几个不同方案的主要标准，但它所反映方案的优点是相对的，而不是绝对的，还要结合具体情况加以研究。

上例中，B_3 与 B_{123} 两个方案比较，虽然 B_3 型设计方案的效益成本比率最高，但考虑到 B_{123} 型方案的参数变动与多种性能的优点，以及可以获得较多的总盈利（1 198.5 元，高于其他方案），似应选择 B_{123} 型方案为优。

第二步，要从提高社会效益出发，探索提高企业经济效益的多种方案。

面向城市与农村的电视机的各种改型设计，其测算的经济效益能否实现，还有待通过实践检验。因为提高电视机性能指标往往会增加电视机的设计成本。如原 B_0 型方案设计成本为每台 300 元，而 B_1 型由于增加或替换了电阻、电容、晶体管等元器件，使每台设计成本增至 305 元，而两者的售价一样，均为 350 元。因此，从提高社会效益考虑，如果扩大电视播送的覆盖面积，提高发射机功率和发射效率，不仅更为经济，而且会大大提高社会效益。所以，在上述设计方案的基础上，为了适应农村增加电视网覆盖面积的需要，又增加了电视机接收差转机的设计。接收差转机的成本用无偿赠送的办法，由电视机成本负担，以便薄利多销，扩大销售，增加生产。分析过程列表如下（见表 2）。

表 2　原方案与赠送接收差转机各方案比较

项目	单位	原方案	新改型方案						
		B_0	B_1	B_2	B_3	B_{12}	B_{13}	B_{23}	B_{123}
预测单台售价	元	350	350	350	385	350	385	385	385
单台设计成本	元	300	305	303	330	308	335	333	338
单台负担差转机成本[①]	元	—	4	4	4	3	3	3	2.5
分担后单台设计成本	元	—	309	307	334	311	338	336	340.5
单台盈利	元	50	41	43	51	39	47	49	44.5

续表

项目	单位	原方案	新改型方案						
		B_0	B_1	B_2	B_3	B_{12}	B_{13}	B_{23}	B_{123}
预测销量增加数	万台	—	2	2	2	2.5	2.5	2.5	2.5
预测销售总量	万台	15	24	22	23	23.5	26.5	25.5	28
盈利总额	万元	750	984	946	1 173	916.5	1 245.5	1 249.5	1 246

注①：假定采取批量购买电视机无偿赠送电视差转机的办法。差转机成本由电视机负担。如：每购买 300 台 B_3 型机，赠送 1 台差转机（差转机成本为每台 1 200 元），则每台 B_3 型电视机多负担成本 4 元 $\left(\dfrac{1\ 200\ 元}{300\ 台}\right)$。

上述分析资料表明，经进一步探索，增加了电视机差转机成本的设计。从各方案的盈利总额比较，B_{23} 型与 B_{123} 型设计较优。但结合产品性能情况，应选定 B_{123} 型设计方案。因此，还应进一步探索 B_{123} 型设计成本降低的可能性。

第三步，就选定的最优设计方案进行功能成本分析，以便进一步降低产品设计成本。

例如，该厂选定 B_{123} 型设计方案为对象，进行功能成本分析。从各零件的成本与功能重要性是否相称去发现问题，发动和依靠全厂广大职工群众进一步探索降低 B_{123} 型设计成本的措施。要求最优方案所费最小而所得功能最大，即一元成本耗费所得的功能评分最大。然后测算措施实现后的成本水平，就是最优的产品设计成本方案。

应当指出，产品设计成本分析的条件是错综复杂的，情况是千变万化的。因此，在实际分析工作中，定性分析与定量分析是不能截然分开的。在定性分析阶段，可以借助定量分析的方法，而定量分析又须以定性分析为前提和基础。此外，具体的分析步骤也不是固定不变或相互独立的。如上述第三步的功能成本分析，必要时可以提前进行。

一般地说，企业对于设计的各种产品方案，经过分析，预计亏损的，可

以不安排试制、生产；对于社会需要而又亏损的个别产品，可以限量生产；对于不突破设计成本水平的产品，只要社会需要，可以尽量扩大订货和生产。这样，就可以从根本上提高企业的经济效益，避免先天性的损失和浪费。企业财会部门可以把上级下达的降低成本的要求，用价值综合性的指标下达到企业设计部门，作为实施经济责任的重要依据，促使选择最优产品设计成本方案，并从组织上、制度上给以保证。

综合上述内容，在产品投产以前分析选择最优产品设计成本方案，就能够预先控制成本形成过程，从而提高企业的经济效益。

产品设计工作的实践证明，解决技术先进性与经济合理性的矛盾在于技术先进性有个合理的界限，即受经济合理性所制约。因此，有必要通过产品设计方案的技术经济分析，选择最优产品设计成本方案。方案比较的过程也就是解决这一矛盾的过程。

本文为王又庄与吴少华合著作品

原载《武汉财会》1984 年 3 月

论质量成本管理

质量成本管理是全面质量管理和全面经济核算相结合的管理手段，它能以最低的质量成本满足社会对产品质量的需求，解决质量和成本的矛盾，以达到企业经济效益和社会效益的统一。

一、产品质量成本的组成

产品质量成本由以下四部分组成：第一，预防成本。用于保证和提高产品质量，防止产品低于质量标准而发生的措施费用。第二，检验成本。对原材料、设备、半成品、产成品等进行测试、鉴定和实验的费用。第三，厂内损失。指零部件、半成品、产成品在出厂前，由于质量原因造成的损失和处理费用。第四，厂外损失。指零部件、半成品、产成品在销售出厂后用户使用过程中由于质量原因造成的损失，以及为防止和处理质量问题而发生的费用。

就其发生的性质可以划分为三类：第一类是企业为确保产品质量而发生的预防成本和检验成本。第二类是由产品质量和生产工作质量造成的企业实际支付的厂内损失和厂外损失。如废品损失、返修费用、"三包"费用等。第三类则是由产品质量和工作质量造成的企业不必支付而应计算的厂内损失

和厂外损失。如因质量事故而发生的减产损失与停工损失等。

从价值补偿的角度考察，第一类和第二类是显见成本，是企业在生产经营过程中实际发生的有形损失，并且必须得到补偿。第三类则是隐含成本，是实际发生但并未支付的无形损失，只需计算而不必得到补偿。这种划分对质量成本核算因而提出特殊的要求，显见成本的核算要进行成本还原；隐含成本的核算则要最后予以调整。

从成本控制的角度考察，第一类是可控制成本，通过其增减变动对产品质量的第二、第三两类成本产生影响。第二、三两类是结果成本，是因质量达不到既定要求而造成的厂内和厂外损失，它受可控制成本的影响。这种划分可以深入研究质量成本内部各部分的变动规律，适当增加可控制成本的支出，减少结果成本的发生，就能实现以"预防为主"的质量管理要求，达到降低总成本的目的，并能借助成本优化提高产品质量。

二、分析质量成本构成变化，探索降低成本途径

产品质量成本中，预防成本、检验成本、厂内损失、厂外损失四个项目之间客观存在着一定的比例关例。这种比例关系在工业各部门、各个企业，同一企业不同时期、不同产品之间存在着相当大的差异，但就某一个企业同一产品而言，深入研究产品质量成本构成的变化，及其变化的规律性，就能揭示企业在质量成本管理上存在的问题，深入挖掘提高产品质量，降低质量成本的潜力。

国外研究经验证明：（1）当预防成本比重小于10%，而厂内厂外损失大于70%，管理的重点就应当放在研究、试验、培训人员，加强预防性，提高产品质量措施方面。（2）当预防成本已接近10%左右而厂内厂外损失接近50%左右，管理的重点就应当放在使产品质量水平维持和控制在现有水平上。

（3）当检验成本大于 50%，而厂内厂外损失小于 40%，管理的重点就应当放在巩固工序控制的成效、减少检验程序、降低检验成本方面。增加 5% 的预防成本，就可以减少 5% 的检验成本和 15% 的厂内厂外损失，从而使产品总质量成本减少 15%。

三、产品质量成本比率的分析

（1）分析百元销售额的质量成本。

$$\text{百元销售额的质量成本} = \frac{\text{质量成本}}{\text{销售额}} \times 100$$

这个指标表明一定时期的质量成本占该时期产品销售额的比重，反映每百元销售额花费了多少质量成本。对一个企业来说，它的数值越小，则说明质量管理效果越好。

（2）分析厂内损失、厂外损失占销售额的比率。

$$\text{百元销售额的厂内损失} = \frac{\text{厂内损失}}{\text{销售额}} \times 100$$

$$\text{百元销售额的厂外损失} = \frac{\text{厂外损失}}{\text{销售额}} \times 100$$

这两个指标是一定时期的厂内损失（或厂外损失）占该时期产品销售额的比重，反映每百元产品销售额花费了多少厂内损失（或厂外损失）。对一个企业来讲，其数值越小，说明质量管理效果越好。

（3）分析每百元产品总成本质量成本。

这一指标表明一定时期的质量成本占该时期产品总成本的比重，反映每百元产品成本中有多少质量成本，其公式如下：

$$\text{百元产品总成本的质量成本} = \frac{\text{质量总成本}}{\text{产品总成本}} \times 100$$

（4）分析每百元利润的质量成本。

$$百元利润的质量成本 = \frac{质量总成本}{利润总额} \times 100$$

该指标表明一定时期的质量成本占该时期实现利润的比重，反映取得百元利润要花费多少质量成本，其数值越小越好。

（5）分析单位产品质量成本指标。

$$单位产品质量成本 = \frac{质量总成本}{产品产量}$$

这一指标反映生产单位产品所花费的质量成本数。考核这一指标有利于降低单位产品的质量成本，促进改进产品质量，提高企业经济效益。

进行质量成本分析还可运用上述指标与本企业计划数比、与上期比，借以反映其发展变化趋势；也可与同行业企业有关指标对比，以衡量本行业内的质量成本水平，取长补短，挖掘企业内部潜力，促进改进产品质量。

四、分析最适宜的质量水平，正确处理质量、成本、价格的关系

一般来说，产品质量与产品成本具有一定的因果关系，即产品质量高，成本也高，产品质量低，成本也低。但在实际工作中，产品成本并不是可以任意降低，它是有一个下限的。产品质量与产品价格具有一定的因果关系，即产品质量低，价格也低，产品质量高，价格也高。但是产品价格并非可以无限制提高，它也有一个上限。这是因为一方面体现按质论价的原则；另一方面价格要受市场供求关系的制约，只能在一定范围内波动。那么，产品质量规定在何种水平最好呢？通过对质量、成本、价格之间相互关系的分析，就可找到最适宜的质量水平。

假设某新产品的设计质量、成本和预测价格资料如下：

产品质量（等级）	3	2	1
产品成本（元）	40	50	80
预测价格（元）	50	80	100
利润（元）	10	30	20

从上列情况看，二等级产品利润最大，质量又基本上能满足用户要求，因而是最佳质量水平。

五、探求一定质量水平下的质量总成本最小值

在实际工作中，产品质量成本内部构成是经常变化的。只要产品质量下降，不符合国家规定的质量标准，厂内厂外损失就会大大增加；反之，当产品质量高时，厂内厂外损失就会大大减少；如果要想达到较高的产品质量水平，预防成本的支出就会增加，而检验成本的支出在一定时期内趋于一个稳定数值，波动不大。因此，探索预防成本、检验成本、厂内厂外损失三项之间比例关系的变化，并寻求三项成本总和的最小值，就是最佳质量成本方案。其实质就是寻求在哪种质量水平下质量总成本为最低水平，分析时，首先收集各种不同质量水平下的预防成本、检验成本、厂内厂外损失的数据，采用最小二乘法建立数学模型。假定，在某种质量水平下的厂内厂外损失数为：

$P_1(x_1, y_1)$、$P_2(x_2, y_2)$、$P_3(x_3, y_3)$，…，$P_n(x_n, y_n)$。

设：厂内厂外损失的数学模型为：$y = ax + b$，将上列数据代入模型：

$$\sum_{i=1}^{n} y_i = na + \left(\sum_{i=1}^{n} x_i\right) b$$

$$\sum_{i=1}^{n} x_i y_i = \left(\sum_{i=1}^{n} x_i\right) a + \left(\sum_{i=1}^{n} x_i^2\right) b$$

求出 a、b 值后，代入 $y = ax + b$ 式中，即可求得厂内厂外损失的合理数值。至于预防成本、检验成本、厂内厂外损失三项成本之和的最小值，即最佳质量成本点，可用求导数的方法求得。例如，假定预防成本、检验成本、厂内

厂外损失的数学模型分别为：$m=f(x)$，$N=g(x)$，$a=K(x)$，则质量总成本 $QC(x)=f(x)+g(x)+K(x)$ 对于 $QC(x)$ 求导，即 $QC'(x)=f'(x)+g'(x)+K'(x)$，令 $QC'(x)=O$，求 x 值，此点即为达到最佳质量成本点的质量水平。

六、应用最低成本合格率的数学模型确定最佳产品质量成本

产品质量的提高会受到一定条件下成本的制约。合格品率的变化会从两个方面影响成本的升降：一方面，合格品率的提高会使废品损失减少，成本下降，同时由于合格产量增加，也间接影响成本降低，与合格品率的增减成反比关系；另一方面，为了提高合格品率，就需要采取更多的预防控制措施和检验手段，这就会使预防检验费用增加，成本上升，与合格品率的增减成正比例关系，因此，在提高产品质量时，质量水平确定在什么水平上才能使总成本为最低，这就要求出最低成本合格率的数学模型。

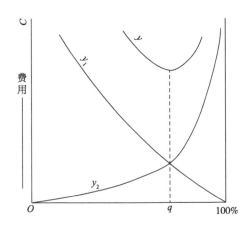

图示：y_1 表示随合格率的变化损失费用变化的曲线。y_2 表示随合格率变化预防检验费用变化的曲线，y 表示质量总费用曲线。q 为合格品率。

（1）随合格品率提高，废品损失下降的曲线设 F 为每件废品造成的

损失。

（$'1-q$）为不合格品率，则每件合格品率负担的废品损失费用是

$$y_1 = F \cdot \frac{1-q}{q} \qquad ①$$

当 $q = 100\%$ 时，$y_2 = 0$，当 $q = 0$ 时，y_2 无限大。

（2）随合格品率提高，质量检验与预防等措施的费用增长曲线，每件产品的预防检验费用（y_2），如果其他条件不变，它同合格品率与不合格率之间的比值，即 $q/$（$1-q$），存在一定的比例关系，$q/$（$1-q$）的值越高，即合格率越大，y_2 也越大，其正比例关系可用

$$y_2 = K \cdot q/(1-q) \qquad ②$$

来表示。K 是 y_2 随合格品率与不合格品率的比值而变化的系数。如果确定出 K，就可求出各种合格品率下相应支付每件产品的检验预防费用。K 可以根据有关资料预定。

（3）最低成本合格率的数学模型。

从图上可知，两条曲线相交点即为成本最低的合格品率点。令

$$(1-q)/q \cdot F = q/(1-q) \cdot K,$$

则

$$[q/(1-q)]2 = F/K,$$

得

$$q/(1-q) = \sqrt{F/K} \qquad ③$$

解此式可得出最低合格品率 q。

七、运用实用质量成本分析法，借助成本优化，促进提高产品质量

实用质量成本分析法就是把产品质量成本按其性质划分为两类：一类是可控制成本，系指创造提高产品质量的条件，测定产品质量水平，查明质量缺陷产生原因的一切支出。二类是结果成本，系指由于制造的原因而产生的厂内厂外损失。因此，通过分析比较，采取一定措施，增加可控制成本支出，

尽量减少厂内厂外损失结果成本支出，减少事后改进产品质量的支出。从系统的观点考察，如果企业通过输入可控制成本所带来的经济效益不足以抵销由于质量问题所造成的损失的输出，就必须从产品设计、工艺、生产组织进行一系列改革，以促进提高产品质量，从而使输出结果成本达到最小值，实现成本优化的目的。

在利用质量成本资料分析和评价企业全面质量管理的经济效益时，还应分析企业各项技术经济指标变化对质量成本和产品销售利润的影响。同时，分析产品总成本与总质量成本的比率、工业总产值与总质量成本的比率、产品销售收入与产品质量成本的比率等等，以便进一步考核和评价质量成本计划的执行情况，考察产品质量管理的经济效益，发现质量管理上存在的问题。

从我国实际情况出发，不少企业基础工作不很完善。因此，在建立质量成本分析制度，考核和评比质量成本计划执行情况的同时，要定期进行质量成本的内部审计。实施质量成本内部审计的目的，在于确保质量成本数据的合理性和准确性。因为质量成本往往和其他成本支出同时发生，容易漏记或误记。通过定期的或不定期的质量成本内部审计，可以确保质量成本信息的真实、可靠，确定由于可控制成本的增加，导致结果成本和总质量成本减少的效果及其合理性。

原载《武汉财会》1987 年 4 月

责任质量成本会计浅探

　　党的十三届三中全会确定的治理经济环境、整顿经济秩序和全面深化改革的方针，为深化企业改革指明了方向。这就要继续搞好承包制的完善和配套，使大中型国有企业真正建立起在国家宏观控制下的自主经营、自负盈亏、自我约束的机制，稳定企业外部环境，切实搞好企业配套改革，促使企业提高经济效益，增加有效供给。

　　企业实行承包经营后，就要把完成企业总体经济目标的责任，层层分解落实到科室、车间、班组、机台、岗位和个人责任者，然后把责任制的经济利益和经济效益挂钩，从而调动广大职工提高企业经济效益和社会效益的积极性。而完善经济责任制，就必须实施会计管理的配套改革。企业会计管理改革的近期目标：一是为了适应建立和发展内部经济责任制的需要，推行责任会计，当好厂长的助手；二是企业会计要参与企业经营决策，当好厂长的参谋。其中，深化全面质量管理、实施责任质量成本会计是企业会计管理改革的一项主要内容。

　　最近，中国质量管理协会根据机械、光学仪器、兵工、轻工、电子、化工、纺织、冶金、医药等系统 108 家企业的废品损失情况，进行调查统计分析，结果表明，生产、运输过程的废品损失，以及降级降价损失和"三包"损失总金额高达 7 699.47 万元，占工业总产值的 1.51%，占实现利润的

8.2%。如按 1988 年全国工业总产值 12 135 亿元推算，全年质量损失达 183.2 亿元，实在令人感到震惊。这些还是不完全的统计数字，实际质量损失会远远超过这个推算数字。在 108 家企业的损失统计中，仅生产过程的废品损失和降级降价损失两项就占全部损失的 90.42%。而降级降价损失，大部分也是生产过程质量问题造成的。所以，企业开展质量经济分析，促进提高生产功效，减少生产过程中的质量损失，加强生产过程的质量管理，深化全面质量管理，实施责任质量成本会计，乃是我国企业的当务之急，也是提高企业经济效益和社会效益的一个重要途径。

从我国实际情况出发，企业实施责任质量成本会计，有下列一些问题值得研究探讨。

一、责任质量成本的分类及其责任归属

质量成本是指企业为确保产品质量和实施全面质量管理而支出的费用，以及因未达到既定质量标准而发生的损失的总和。质量成本可以从不同的角度进行分类（见表 1）。

把质量成本划分为预防成本、检验成本、厂内损失、厂外损失四类及其各明细项目，便于分析质量成本构成的变化，优选最佳质量成本方案，寻求质量成本与产品成本的最优比例，从质量与成本结合上探索降低质量成本的途径。把质量成本划分为可控制成本与结果成本，便于深入研究质量成本内部各部分的变化规律，以便适当增加可控制成本的支出，从而大大减少结果成本的发生，实现以预防为主的质量管理的要求。把质量成本划分为显见成本（explicit cost）和隐含成本（implicit cost），既能全面核算质量成本，又能从价值上正确补偿耗费。明确质量成本的上述分类，其目的在于制定质量成本目标，分解指标，划清责任，采取措施，实行会计监督，核算与分析质量

成本计划的执行情况，检查评价，考核成绩等。

表1

从成本控制角度划分	按质量成本发生的性质划分			从价值补偿的角度划分	
	质量成本项目	质量成本细目	责任单位		
可控制成本	预防费用（用于预防不合格品与故障等所需的各项费用）	预防管理费 质量培训费 质量奖励费 新产品鉴定费 工序能力研究费 质量改进措施费 其他费用	质量办、财务科 质量办、教育科 质量办、财务科 质量办、技术、检验科 质量办 质量办 质量办、财务科	实际支付费用	显见成本（指企业在生产经营活动中实际发生的有形损失）
	检验费用（评定产品是否满足规定的质量要求所需的费用）	材料检验费 工序检验费 成品检验费 设备检验费 检测设备维修费 检测设备折旧费 检测低值易耗品摊销 检验管理费	检验科、供应科 检验科、各车间 检验科、供销科 检验科 检验科、设备科 检验科、财务科 检验科、各车间 检验科、财务科		
结果成本（因质量达不到既定要求造成的损失）	厂内损失（产品出厂前因不满足规定要求而支付的费用总和）	废品损失 返修费用 材料筛选损失 复检费用 降级损失 停工损失 减产损失	检验科、各车间 检验科、各车间 检验科、供应科 检验科、各车间 各车间、检验科 各车间、生产、计划科 各车间、生产科	实际支付的厂内损失	
				不必支付而应计算的厂内、厂外损失	隐含成本（指实际发生但并未支付的无形损失）
	厂外损失（产品出厂后不满足规定要求，用户索赔修理退换折价等损失费用）	折价损失 保修费用 退换费用 索赔费用 "三包"管理费 诉讼费用	销售、计划、财务科 销售、财务科、门市部 检验、销售、财务科 销售、财务、检验科 销售、财务、检验科 销售、财务科、质量办	实际支付的厂外损失	显见成本

二、责任质量成本与产品成本的关系

责任质量成本基本上包含在产品完全成本之中，两者既有联系又有区别。产品成本是按国家规定的成本开支范围进行计算，用以确定利润、缴纳税金，属于财务管理上的成本形态。而责任质量成本在于明确企业内部各部门的质量责任，考核企业全面质量管理的经济效果，其重点在于核算差异，明确责任部门，揭示矛盾，及时采取措施，防患于未然，从而有助于改进产品质量，属于责任会计上的成本形态。

三、责任质量成本会计核算体系

实施责任质量成本会计核算的要求是：第一，划分质量责任岗位，确定每个岗位的质量责任者应承担的经济责任，下达责任质量成本目标，形成全厂核算网络体系。第二，在预测分析的基础上，确定责任质量成本计划，分解指标，层层下达，实行预算管理。第三，对各质量部门和责任者执行计划的情况进行计量、记录和差异分析，总结评价，实行奖惩。第四，实行集中式责任质量成本会计，厂部一级核算，把现行财务会计与责任质量成本会计纳入统一的核算体系，即"单轨制"核算。

实施责任质量成本会计核算必须做到：第一，明确规定质量成本的开支范围。第二，必须划清显见成本与隐含成本，应计入产品成本与不应计入产品成本，各种产品质量成本之间，以及完工产品与月末在产品之间的质量费用界限。第三，设置"产品质量费用"总账账户，归集属于责任质量成本的各项费用和损失，并用"产品质量费用调整"二级账户，用于调整实际没有支付但应计入的隐含成本，据以编制"责任质量成本报表"。第四，企业内部各有关科室、车间要对本单位发生的质量成本负责，各职能部门按业务归口，有关单位按项目分管原则，建立企业内部横向多通道、纵向多层次的责任质量成本会计制度。第五，加强责任质量成本的统计工作，准确、及时地提供质量管理的信息等等。

实施责任质量成本会计，是适应企业深化改革的需要，是完善承包制的一项措施，是会计管理改革的一项步骤，已不是讨论研究企业质量成本纳不纳入企业会计核算的问题了。

原载《武汉财会》1989 年 6 月

新技术企业成本核算刍议

经济与科学技术，经济起主导作用，适宜的经济环境和政策可以推动科学技术的发展。目前我国仍处于低技术经济状况，表现在产品升级换代迟缓、产品档次低、品种少、款式陈旧、适应市场性差。这种低技术经济是一种高投入、低产出的经济，其结果必然陷入低效益、低工资、高消费、高物价的恶性循环。因此，贯彻治理整顿、全面深化改革的方针，调整产业、产品、企业、技术结构，势在必行。

实施发展高新技术政策，发挥我国数十万优秀智力资源与亿万劳动大军的优势，不仅能创造出高度国际化的高技术产物和新兴技术，而且能够讲求经济效益，降低成本，以新取胜，以廉取胜。现仅就新技术企业成本核算问题，提出一些不成熟的想法。

按照某一会计期间或某一核算对象的费用与同一会计期间或同一对象的收入相比较、相配合，以便确定净收益或净损失的原则，成本计算的对象和核算的方法可分三类主要收入分别考虑。这三类主要收入是：①技术性收入。包括科学研究、技术开发、技术咨询、技术转让、技术入股、技术服务、技术培训、技术承包、技术工程设计和承包、技术出口、引进技术的吸收消化所得收入，以及中试产品、新产品产值中技术投入的增值收入等。②生产工业产品的销售收入。③经营出售商品的收入。

一、有关技术成果的成本核算

技术成果成本核算的内容主要是与技术性收入相配比的成本核算。

新技术创新过程是：①科学研究；②技术开发（或引进先进技术）；③中间试验（或对引进技术消化吸收）；④试制、小批生产；⑤批量生产；⑥销售；⑦售后服务或改进。因此，根据新技术企业的特点，有关技术成果的成本核算应包括下列内容。

（一）科研项目成本。新技术企业科研项目成本主要是与科研项目成果收入相配比设置的。科研项目成本原则上以项目为核算对象，项目周期按承包合同的规定，并作为成本计算期。项目完成后，按规定进行评审和鉴定，并做好推广与应用工作。如用于本企业新技术开发、技术转让、技术入股、技术出口等，根据鉴定结果进行结算。科研项目失败的，可由企业积累基金或技术风险基金列支；科研成果形成固定资产的，可按提取折旧办法分期计入成本；形不成固定资产的项目成本，一般按待摊费用处理，由受益的技术产品、劳务成本负担等等。

（二）新技术开发项目成本。新技术开发项目成本主要是与技术开发收入、中间试验产品收入、引进技术消化吸收所得收入等相配比设置的。

国外经验证明：用于中间环节的投资一般高出研究经费 5 至 10 倍。因此，加强新技术开发项目成本核算更为重要。

新技术开发的程序是：调查研究→产品构思→开发决策→产品设计→选出最优设计→试制、鉴定→市场开发。因此，新技术企业应核算：产品经济寿命周期成本→用户成本→目标成本→设计成本→进行功能成本分析→优化后设计成本→新技术开发项目成本（或对引进技术消化吸收成本）。

（三）新技术转让项目成本。新技术转让项目成本主要是与技术转让收入相配比而设置的。转让项目可以区分为不转让专利权和转让专利权两种。至于取得技术转让收入的项目，其成本多由科研项目成本、新技术开发项目成本或购入技术费用转来。

（四）技术咨询与服务项目成本。技术咨询与服务项目成本主要是与技术咨询、技术服务、技术培训、技术承包、技术工程设计和承包、技术出口等收入配比而设置。技术咨询与服务项目成本应以项目为成本计算对象，相应设置。①技术咨询项目成本；②技术服务项目成本；③技术培训成本；④技术工程设计成本；⑤技术出口项目成本等分别进行核算。

二、有关新技术产品的生产成本核算

新技术企业投入批量生产的新技术产品成本核算，首先必须正确划清各项费用支出的界限，遵守国家规定的成本开支范围，参照《国营工业企业会计制度》的规定，以产品为成本计算对象，正确地计算产品成本，据以确定利润，缴纳税金。至于生产费用的归集和分配，成本计算的程序和方法，可根据企业的具体情况确定。中小型新技术企业可按照"归集准确、分摊合理、程序简便、方法易行"的原则进行。

为了贯彻经济责任制，新技术企业内部各分厂、车间、班组应实施责任成本会计。在变动成本法的基础上，结合内部承包指标，设置"可控制费用"和"不可控制费用"账户，核算各车间、各部门的责任转入、责任转出，结转责任成本，明确各部门责任，并与产品完全成本核算正确结合起来。

生产车间的车间经费与生产工厂的企业管理费，从实际出发，采用不同的方法分配到各成本计算对象中去。

有条件的新技术企业应核算产品质量成本，设置"产品质量费用"账户，归集属于质量管理的各项费用和损失，包括显见成本和隐含成本，账户借方完整地反映了企业发生的质量成本，据以编制"质量成本报表"，为企业内有关部门提供产品质量成本信息，评价企业全面质量管理的经济效果。

三、有关技术商品的经营成本核算

技术商品经营成本主要是与经营商品销售收入相配比的成本核算。

技术商品的经营成本是指新技术企业在商品经营过程中的实际耗费，包括：①商品进价成本（购进价格、进货税金、进口关税、委托加工成本、加工税金等）；②商品流通费用（商品、柜组均应结合内部承包责任制，实施责任成本的核算）。

四、新技术（集团）公司总部的成本核算

新技术（集团）公司总部发生的管理费用，为企业技术活动成果、工业生产成果、商业经营成果共同的费用。因此，要在受益者之间按一定标准，尽可能合理合配。在实际工作中，一般按各部门人员工资的比例进行分配。

根据北京市新技术产业开发试验区财政所总结的经验，各新技术企业应设置"收益汇总"总账账户。这是一个计价对比账户。账户借方记入发生的科研项目成本、新技术开发项目成本、新技术转让项目成本、技术咨询与服务成本、工业产品销售成本、商品经营成本及其各自应纳的税金。账户贷方记入相应发生的各项收入。期末分别结转各自实现的利润额，转入"利润"账户的贷方，并结平"收益汇总"账户。

发展高技术产品是知识和智力的竞争，是技术创新的动力。我国新技术产业需要三种人才：①一大批高水平的科学家、发明家、技师、工匠；②成千上万的企业家，造就一批有胆识创建高技术产业集团的企业家；③信息、

销售方面流通专家、精通外贸外语的高级推销经理。因此，新技术企业要计算"人力资源成本"，设置"人力资产"总账账户。账户借方记入职工选拔、聘用的费用与职工培训支出的开发费用，账户贷方记入各期推销分配进入技术、生产、经营的成本、账户借方余额反映待以后各期摊销的数额。新技术企业人力资源成本包括：①人力资产摊销数；②人事管理费；③培训设施折旧费；④工资、奖金、福利费等。

综上所述，加强新技术企业的成本核算，应从企业构建一开始就注意强化企业的基础工作，企业应制定和实施技术标准、管理标准和技术经济定额，实现检测手段和计量技术现代化，建立以责任制为核心的规章制度，完善企业科学管理的信息系统以及职工培训规划的实施等等。

新技术企业成本核算办法的拟订，应遵循现行税法和财务制度的规定，既能满足宏观经济管理的要求，又要满足新技术企业内部经营管理提供灵敏、准确成本信息的需要；既能起到推动新技术发展的作用，又要贯彻改革的精神。我们相信，经过逐步试点，不断总结经验，将会形成具有我国特色的新技术企业成本核算的新体系。

原载《武汉财会》1990 年 2 月

加强质量成本管理　实施质量责任会计

　　经济效益问题是社会主义建设中的重大实践问题。党的十三届五中全会强调指出，无论是治理整顿期间，还是治理整顿任务完成之后，都必须始终坚持长期、持续、稳定、协调发展经济的方针，并始终把不断提高经济效益放在经济工作的首位。企业要提高经济效益，必须深入开展双增双节运动，下功夫改进经营管理，挖掘内部潜力，依靠技术进步，贯彻结构性调整方针，实现资源优化配置。增加市场有效供给，走一条不增加投入总量，产出多、质量高、效益好的经济发展道路。

　　企业要实现投入少、产出多、质量高、效益好，就必须继续搞好承包制的完善和配套，稳定企业外部环境，深入企业内部的配套改革。而深化全面质量管理，提高产品质量，降低产品成本，是提高企业经济效益和社会效益的必由之路。从我国实际出发，企业除应进一步完善和改革现行企业财务管理和会计制度外，在企业内部必须推行管理会计，以适应经营管理的需要，并应以实施质量责任会计为突破口，建立和完善内部责任会计。这是因为质量成本管理作为全面质量管理和经济责任制相结合的管理手段，就是以最低的质量成本满足社会对产品质量的需求，解决产品质量和成本的矛盾，达到经济效益和社会效益的统一，同时也真正使投入少、产出多、质量高、效益

好的目标落到实处。

中国质量管理协会最近两年开展质量损失调查及其对策的研究，着重对企业废品损失情况进行了调查。根据抽样企业自己填报，企业在生产、运输过程的废品损失以及降级降价等损失约占工业总产值的 1.51%～1.48%。按1989 年全国工业总产值 21 880 亿元计算，全国工业废品损失全年竟达 330.38亿元，这是多么惊人的损失。所以，加强生产过程的质量管理，减少生产过程中的质量损失，实施质量责任会计，深化全面质量管理，提高产品质量，减少质量损失，降低成本，提高企业的经济效益，仍是我国企业的当务之急。

一、质量成本的内涵及其分类

质量成本是指企业为确保产品质量和实施全面质量管理而支出的费用，以及因未达到既定的质量标准而发生损失的总和。它是保证产品质量而发生的支出，并形成了一个独立的成本形态，构成产品成本的一部分内容。从全面质量管理预防性的管理要求出发，质量成本就是为将产品质量保持在规定的质量水平上所需要的费用和损失，既包含预防成本和检验成本，又包含厂内损失和厂外损失。

研究产品质量水平与质量成本在一定条件下的依存关系与因果关系，探求产品的适宜质量与质量成本最优方案，实现质量与成本的最优结合，就能提高企业的经济效益与社会效益。产品完全成本和产品质量成本之间存在着一定的区别和联系，因为后者基本上包含在前者之中。但由于两者各自包含的内容不同，资金的来源不同，成本管理的规定不同，核算的方法与形式也会有所不同。从价值补偿方面考察，产品完全成本是耗费的尺度、补偿的尺度，是耗费与补偿的统一。而质量成本中属于成本开支范围的显见成本需要从价值上得到补偿，而属于专用基金项下支付的质量费用和不需支付而应计算的隐含成本，则不需从价值上得到补偿。前者属于财务管理的成本形态，后者属于管理会计的成本形态。

　　质量、成本、效益之间存在着密切的联系，而全面质量管理的目标，就在于用最经济的手段生产出用户满意的产品。探求质量与成本统一的最佳质量水平，这既是质量经济学研究的内容，是企业提高经济效益与社会效益的关键，又是当前加强企业管理的当务之急。在治理整顿全面深化改革中，不少企业把全面质量管理同专业管理融为一体，企业财会部门把实施质量责任会计构成企业全面质量管理的一项重要内容。这标志着我国企业管理会计体系中的责任会计已逐步形成，并日臻完善。

　　产品质量成本分类如下图所示：

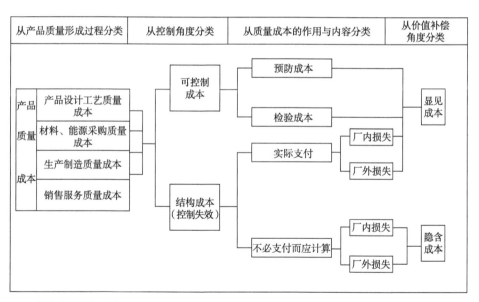

　　质量成本分类的目的在于：（1）制定质量成本目标，划分岗位质量责任归属；（2）分解指标，实行责任控制，便于会计监督；（3）核算和分析质量成本计划的执行情况；（4）有利于检查评比、业绩考核等。

二、质量成本项目的设置

从我国实际情况出发，借鉴国外质量成本管理的经验，建立适合我国国情的质量成本项目是实施质量责任会计的一个重要前提条件。

明确质量成本开支范围是设置质量成本项目的必要前提。根据中国机械工业质量管理协会所属 6 个试点企业的实践经验，已经总结了质量成本开支范围 10 款，并对质量成本项目划分为 4 大类 24 项。[①]

质量成本项目的设置会因各部门生产、工艺特点的不同而有所不同。因此，必须从我国国情出发，因地制宜，不能强求一律，更不能生搬硬套国外设置的项目而胶柱鼓瑟。

质量成本项目之间的比例关系在不同部门、不同行业、不同产品之间，或同一产品不同时期是不同的。分析和研究质量成本项目之间的比例关系，探索质量成本构成变化的规律性，以及优选最佳质量成本方案，寻求降低质量成本的途径，是实施质量责任会计的一项任务。

三、质量成本核算

正确地核算产品质量成本是实施质量责任会计的中心环节，是编制质量成本报表，实行质量成本控制，反映质量成本计划执行情况，并为企业经营决策提供质量经济信息的主要依据。

质量成本核算先由各核算网点进行，由企业财会部门统一核算。产品质

---

① 产品质量成本一般分为 4 类：（1）预防成本，包含质量计划费、预防管理费、质量培训费、质量奖励费、新产品鉴定费、工序能力研究费、质量改进措施费、其他费用等。（2）检验成本包含材料检验费、工序检验费、成品检验费、设备检验费、检测设备维修费、检测设备折旧费、检验用低值易耗品摊销、质量审核费、检验管理费等。（3）厂内损失，包含废品损失、返修费用、材料筛选损失、降级损失、停工损失、减产损失、复检费用等。（4）厂外损失，包含保修费用、退换损失、折价损失、索赔费用、"三包"管理费等。此外，可设置（5）外部质量保证费用，包含质量保证措施费、产品质量证实试验费、评定费等。

量成本核算既应满足企业实施全面质量管理的需要，又能遵循现行财务会计制度的规定，满足上级主管部门和税收部门对企业会计报表的要求。因此必须做好以下两方面工作：第一，要明确规定质量成本开发范围，目前各试点部门、企业均有具体的规定。第二，必须划清几个费用界限：（1）划清质量成本中显见成本与隐含成本的界限。（2）划清质量成本中应计入产品成本和不应计入产品成本的界限。（3）划清各种产品之间的质量成本界限，以及完工产品和月末在产品之间的质量成本界限。为了简化，月末在产品成本可不计算质量成本。（4）划清产品质量成本中可控制成本与控制失效的结果成本之间的界限。

鉴于质量费用不仅在生产过程中发生，因此，企业可考虑把现行会计制度规定的基本生产账户下设置的废品损失明细科目改为设置"产品质量费用"总账账户，用于归集属于质量管理的各项费用和损失。这个账户既核算实际支付的显见成本，又核算未经支付但必须计算而确定的隐含成本。"产品质量费用"总账账户下设"预防费用"、"检验费用"、"厂内损失"、"厂外损失"以及"产品质量费用调整"等二级账户。前四个账户分别核算属于各账户的有关费用和损失；后一个账户用来调整实际并未支付但应计入前四个账户中的隐含成本，以保证"产品质量费用"总账账户借方发生额完整地反映企业一定时期的总质量成本，作为编制产品质量成本报表的依据。不属于质量费用的生产费用仍在原规定的生产费用账户核算，月末扣除按资金来源不同结转的质量费用外，均按现行制度的规定分别转入"基本生产""辅助生产""车间经费""企业管理费"各账户。

"责任质量成本"是质量责任会计的另一方面重要内容。在各要素费用分配到"基本生产""产品质量费用"等账户以前，可设置"可控制费用""不可控费用"账户，进行责任质量成本的核算。

为了准确、及时地进行质量成本核算，企业应当按照质量成本开支范围与责任归属，在有关车间、科室设置质量成本核算网点，实行归口分级管理，并与企业承包经营责任制确定的包、保指标正确地结合起来，明确各核算网点的质量责任与核算的内容；设计可行的内部原始记录，规定凭证的传递程序，设置必要的账簿，完善质量统计系统；设计班组不良品统计表、车间废品损失、返修损失统计表、材料筛选损失统计表、材质超耗损失统计表、厂内各项降等损失统计表，以及检验工时、复验、故障处理工时统计表等。在网点核算中，正确核算产品的废品损失是责任质量成本核算的关键。企业财会部门应确定质量成本中各项费用和损失的计算和分配办法，在质量成本核算的基础上，定期编报质量成本报表，并建立统一协调的质量成本信息网络。

四、质量成本控制

全面质量管理是全过程管理，因此，质量成本控制也是全过程的控制。

（一）新产品开发系统的质量成本控制

新产品开发的程序：技术调查和市场调查→新产品的构思和筛选→新产品决策和设计任务→新产品设计与工艺准备→新产品的试制和鉴定→新产品的市场开发。

新产品开发阶段的成本形态：寿命周期成本、用户成本→目标成本→设计成本→功能成本分析（价值工程）→优化后的设计成本→试制成本→优化后的质量成本。新产品设计过程是产品质量的产生过程，必须从用户与生产厂家的共同利益出发，在产品性能与产品成本结合上，设计出以最低寿命周期成本取得最佳的质量水平的产品。产品经济寿命周期成本包括生产成本和使用成本两部分，它随产品质量水平的变动而变化。生产成本随质量水平的提高而升高，而使用成本随质量水平的提高而降低。因此，在设计阶段，必须从用户角度考虑，控制在寿命周期成本最低而质量水平最适宜的水平上，控制的设计质量成本在一定水平上。同时，在保证设计质量的前提下，控制新产品开发费用的支出，才能从根本上保证经济效益与社会效益的统一。

在老产品改造设计中，要对产品质量有重大影响的某些质量特性进行改进，并控制改进费用与质量成本在较低的水平。

（二）生产过程的质量成本控制

产品的生产过程是产品质量形成的过程，其目的是生产出符合设计质量要求的产品。控制生产过程的质量成本，就是要以最低的成本保证最佳的加工水平，达到稳定地生产出符合设计要求的质量水平的产品。

生产过程质量成本控制的内容有：（1）控制工序能力在适宜水平，以便发挥设备潜力，提高工作效率，控制废品率在较低的水平。（2）控制在不同条件下的不合格品率的合理水平。（3）采取正确的返修策略，控制质量成本。（4）确定有利的产品质量检查方式与方法，控制质量成本。（5）对一定时期的质量成本总额及其构成实行有效控制等等。

（三）销售过程的质量成本控制

销售过程是产品使用价值和价值实现统一的过程。只有把商品的所有权转让给购买者，才标志着产品为社会所承认，产品的价值才得以实现。因此，在编制销售计划，确定产品价格，制定促进销售的策略，选择销售渠道，组织产品发运和货款回收，进行售前售后服务，组织和承接订货等等环节，都是考验产品实际质量的过程。

在销售过程中，折价损失的发生，保修、退换、索赔"三包"管理费用

的支付，诉讼费用的发生等等，说明这一过程与质量成本的形成息息相关。因此，对有关责任部门必须实行责任质量成本控制，加强日常控制与会计监督，实施质量责任会计。对销售过程反馈的重大质量事故应进行专题分析，采取措施，实行预控。

（四）责任质量成本的日常控制

责任质量成本的日常控制是质量责任会计的重要内容，是企业内部责任会计的重要组成部分。第一，确定责任质量成本核算单位，组成上下左右纵横网络的质量成本核算网点，明确责任归属。第二，确定责任质量成本目标，按责任归属层层分解指标，制定一套完整的计算、记录和报告的责任质量成本会计财务处理程序，按责任目标实行实时控制。第三，对责任质量成本实行差异分析，实施例外管理原则，集中于例外。第四，确定质量成本的责任目标与责任考核办法，实现以评价业绩为中心的目标管理。

综合上述，我国工业企业从 1978 年开始推行全面质量管理，十多年来，在理论与实践结合上已经逐步形成具有我国特色的全面质量管理体系。与此同时，欧美各国质量成本管理的经验也介绍到我国。1983 年，我国桂林电力电容器厂等少数几个企业率先试行了质量成本管理的办法。在中国质量管理协会的领导和积极支持下，经过试点总结，逐步推行，质量成本管理工作正继续向广度和深度发展，取得了一定成绩，但不够理想。目前有些部门虽把质量成本列为考核企业产品质量的加分指标，但企业领导和多数财会部门对质量成本管理的重要意义认识不够，因而工作进展缓慢。

试点企业的实践经验证明：必须实行企业会计的配套改革，明确提出实施质量责任会计，既在企业内部各质量成本核算网点的基础上建立厂部的质量成本核算，又在车间、工段、班组、科室、仓库、机台、岗位建立质量成本核算，以此两项为突破口，逐步建立质量责任会计体系。它是企业会计的重要组成部分，又和全面质量管理有机结合，构成全面质量管理的重要内容。建立和完善质量责任会计体系，是深化改革的必然产物，是不同于西方质量成本管理而具有我国特色的企业内部管理会计。只有深化会计改革，实施质量责任会计，企业才能把实现企业经济效益和社会效益的任务落到实处。

原载《经济与管理研究》1990 年 6 月

对质量成本管理理论及应用的认识

一、企业实行质量成本管理的必要性

20 世纪 50 年代初，美国通用电气公司质量管理专家菲根堡姆主张把产品质量预防和检验费用与产品不合要求所造成的厂内厂外损失一起加以考虑，首先提出质量成本概念，得到了西方国家的普遍重视。尤其美国质量管理专家朱兰提出著名的"矿中黄金"的比喻后，这种观点已反映到 1987 年国际标准化组织（ISO）公布的 ISO9004《质量管理和质量体系要素指南》中，指出质量成本除预防成本、检验成本、厂内损失、厂外损失四项外，还应包括外部质量保证成本。20 世纪 80 年代质量成本的内涵又有了新的发展，菲根堡姆进一步提出质量成本的范围涉及产品全寿命周期。美国质量管理专家哈灵顿认为，质量成本可改称为质量不良成本，它不仅包括这四项直接质量成本，而且还包括信誉损失、用户损失等间接质量不良成本。

虽然国内外有关学者及实际工作者对质量成本基本概念尚有争议，对其内涵尚有不同的理解，但质量成本管理是全面质量管理的重要组成部分，它是编制质量计划、确定质量方针、进行质量决策的重要依据。从质量成本信息可以揭示产品质量与经济效益的关系，有利于控制和降低成本，促使改进和提高产品质量，实现经济效益和社会效益的统一。

我国工业企业从 1978 年开始推行全面质量管理（TQC），十多年来，取得了一定成绩，但发展很不平衡。实践证明，在质量成本核算尚未纳入现行会计核算体系的情况下，只要企业领导重视质量成本管理，工作开展就顺利，成效也就显著。因此，在我国开展质量成本管理工作不是可有可无的工作，而是十分必要的工作。

二、企业实施质量责任会计势在必行

质量成本的内容不限于已经发生的经济活动，而是侧重于预测和分析可能发生的经济活动。所以，它不是一种职能成本，而属于管理会计的成本范围，它不仅包括实际发生的质量费用，而且包含产品质量不良而丧失潜在利益的损失。因此，质量成本指标在产品质量的产品责任、防止公害、节约资源、降低成本、加强服务、提高效益等多目标的综合评价中具有重要的地位和作用，它是一个客观的经济范畴。产品完全成本和产品质量成本之间存在着一定的区别和联系，因为后者基本上包含在前者之中。但由于两者各自包含的内容不同，资金的来源不同，成本管理的规定不同，核算的方法与形式也会有所不同。从价值补偿方面考察，产品完全成本是耗费的尺度、补偿的尺度，是耗费与补偿的统一。而质量成本中属于成本开支范围内的显见成本（explicit cost）需要从价值上得到补偿，属于专用基金项下支付的质量费用和不需支付而应计算的隐含成本（implicit cost）则不需从价值上得到补偿。前者属于财务管理的成本形态，后者属于管理会计的成本形态。

企业要对社会、对用户、对人民负责，不仅核算产品成本，考虑产品价值，而且要求从社会的角度考虑产品的使用价值，生产出高质量水平的产品，以物美价廉的产品满足社会的需要。实践证明，在治理整顿全面深化改革中，

不少企业把全面质量管理同专业管理融为一体。企业财会部门把实施质量责任会计构成企业全面质量管理的一项重要内容，这标志着我国企业管理会计体系中的责任会计已逐步形成，并日臻完善。

从我国实际情况出发，企业除应进一步完善和改革现行财务管理和会计制度外，在企业内部还必须实行管理会计，以适应经营管理的需要，并应以实施质量责任会计为突破口，建立和完善企业内部责任会计。目前，有些企业财会人员对质量成本的重要意义认识不够，虽然有些部门把质量成本列为考核企业产品质量的加分指标，但不愿把质量成本核算纳入会计核算体系，认为："搞质量成本核算，怕把会计搞乱，给自己找麻烦"，"如果纳入会计核算体系，会计达标验收时不承认"，以及"财政部有规定就做，没有规定就不做"等等思想顾虑，事实上是不必要的。

试点企业的实践经验证明，必须实行企业会计的配套改革，明确提出实施质量责任会计，既在企业内部各质量、成本核算网点的基础上建立厂部的质量成本核算，又在车间、工段、班组、科室、仓库、机台等岗位建立质量成本核算，以此两项为突破口，逐步建立质量责任会计体系，它是企业会计的重要组成部分，又和全面质量管理有机结合，构成全面质量管理的重要内容。建立和完善质量责任会计体系，是深化改革的必然产物，是不同于西方质量成本管理而具有我国特色的企业内部管理会计。只有深化会计改革，实施质量责任会计，企业才真正把实现企业的经济效益和社会效益的任务落到实处。

三、建立质量成本核算网点是实施质量责任会计的基础

为了准确、及时地进行质量成本核算，企业应当按照质量成本开支范围与责任归属，在有关车间、科室设置质量成本核算网点，实行归口分级管理，

并与企业承包经营责任制确定的包、保指标正确地结合起来，明确各核算网点的质量责任与核算的内容。设计可行的内部原始记录，规定凭证的传递程序，设置必要的账簿，完善质量统计系统。设计班组不良品统计表、车间废品损失、返修损失统计表、材料筛选损失统计表、材质超耗损失统计表、厂内各项降等损失统计表，以及检验工时、复验、故障处理工时统计表等。在网点核算中，正确核算产品的废品损失是责任质量成本核算的关键。企业财会部门应确定质量成本中各项费用和损失的计算和分配办法，在质量成本核算的基础上定期编报质量成本报表，并建立统一协调的质量成本信息网络。

从我国工业企业质量管理现状和质量成本管理水平出发，目前，加强企业的质量成本核算工作显得十分重要。而质量成本核算网点的建立是质量成本核算的基础，它直接关系到质量成本信息的可靠性和及时性，直接关系到质量责任会计的实施，直接关系到质量成本管理在企业能否切实推广应用的问题。因此，质量成本网点的建立是企业目前推行质量成本管理工作的重点。

原载《武汉财会》1990 年 12 月

转换企业经营机制　完善成本管理体系

　　企业成本管理是企业全员管理、全过程管理、全环节管理和全方位管理，是商品使用价值和价值相结合的管理，是经济与技术结合的管理，既与企业财务管理密切结合，又是企业管理系统的一个子系统，是一项涉及面广、较为复杂的系统工程。因而，转换企业经营机制，完善企业成本管理体系，是十分必要的。

　　当前企业成本管理的状况是：（1）由于生产资料价格不断上涨，不仅企业资产流失严重，补偿不足，实现的利润多由资金转化而来；而且物流管理失控，掩盖材料、能源的严重浪费。（2）成本信息失真，潜亏严重，企业虚盈实亏。（3）设备、工艺陈旧落后，质量损失惊人。（4）企业自有资金不足，企业借款利息负担沉重，流动资金周转过程中漏损现象十分严重，资金效益差。同时，企业融资不规范，资金成本偏高。（5）企业成本意识淡薄，管理松弛，约束软化，摊派屡禁不止，损失浪费严重，有的甚至违法经营。（6）企业领导无力，人员素质较低，财政、审计监督有时走过场，因而企业内部降低成本的潜力很大，有待发动职工群众深入挖掘。

　　完善企业成本管理体系的要求是：（1）有助于宏观经济决策的实施，以及宏观成本管理调控职能的实现。诸如根据产业政策，实现合理的工业布局，产业结构的调整与优化，固定资产投资的选择，社会再生产的组织，设备的更新改造，技术结构的优化，以及利用国外资金、资源、技术和管理等等。（2）有助于转换企业经营机制，落实企业经营自主权，增强企业活力，正确处理促进企业发展与加强成本管理的关系，以及企业内部在成本管理方面的责、权、利关系。（3）有助于提高生产要素运营效果，实现生产耗费与补偿的统一，促进生产要素合理流动，实现社会资源优化配置。（4）有助于规范企业生产行为，促使企业在成本形成过程中遵守国家法律、法规，正确贯彻执行国家规定的企业会计准则和企业财务通则，接受国家管理和监督，以提高国有资产的运营效率，实现国有资产的保值、增值。

从我国实际情况出发，总结四十多年企业成本管理的经验，并借鉴国际惯例与国外行之有效的先进管理方法，贯彻改革精神，构建一个以提高经济效益为中心的现代企业成本管理体系是社会主义市场经济发展的必然趋势。企业成本管理体系的成本预测、成本计划、成本控制、成本核算、成本分析和成本考核六个环节，构成了体系完整、结构严谨，既能适应宏观管理与企业面向国内、国际市场的需要，又能满足企业内部经营管理要求的管理系统。企业成本管理体系的各个环节各具特点，相互依存，相互补充，缺一不可，形成一个有机的整体。

一、搞好成本预测，确定目标成本

成本预测是企业在市场调查、品种预测、销售预测、价格预测等一系列预测的基础上，研究企业外部环境和内部因素与成本的依存关系，测算一定时期的成本目标、成本水平，以及预见成本变化趋势，使成本管理工作更加符合社会主义市场经济发展的要求。国外企业十分重视成本的预测工作，因为产品成本高低与获利大小关系到企业在竞争中的成败。资本家总是事先确

定利润目标，据以确定目标成本，然后确定设计、工艺标准、产品结构、产品质量、生产水平、生产组织、资金流动、材料、能源、经营管理与环境调节等约束条件，以及各项有关指标的控制幅度，在执行中实行成本控制，以达到获得目标利润的目的。这种管理方法，有的同志称为"价格成本法"，是有一定道理的。

成本预测是成本计划的基础，是编制成本计划必不可少的事前分析阶段。根据成本预测的结果和经营承包指标的要求，确定计划年度成本目标，并纳入企业目标经营管理体系。成本预测不仅应用在基建投资估算、产品设计方案中预测设计成本，而且在日常生产预测的基础上进行期中成本预测，包括当日、当班、当炉等成本预测。同时，企业还要预测因市场变化而引起的产量、质量、技术经济指标变化对成本的影响，等等。预测未来，是为了指导当前的工作。因此，有的同志认为理论上不存在成本预测工作，这是不符合实际情况的。

成本预测并不等于成本计划。前者可以反复进行，只有指导意义；而后者一经制定，虽可修改，但必须认真执行。灵敏、准确的成本信息为企业经营决策提供了科学的依据，但成本本身不具有决策的职能，只能是为企业经营决策提供成本信息（costs for making decisions）。因此，企业成本管理体系中不宜列入成本决策这一环节。

二、做好年度成本计划，确定和落实年度降低成本措施

企业成本计划是企业综合经营计划的重要专业计划之一。企业成本计划是适应市场需求，以提高企业和社会经济效益为中心，重点反映企业内部条件与外部经营环境的协调发展，实现成本目标，组织企业供、产、销、资金多方面的平衡，从而规范企业的生产经营活动。

为了适应社会主义市场经济发展的要求，企业成本计划应编制成为滚动

计划、弹性计划、单独应变计划，以及多保证降低成本的措施计划等。

三、实行成本控制，加强成本的日常管理

成本控制是在产品成本形成过程中对成本的具体管理工作。成本控制作为一个管理环节，不仅促使实际成本符合成本目标、成本计划和定额，而且自始至终以改进工作为手段，以降低成本为目标，是发现一切工作中低效率、高消耗的具体管理工作。

在筹建新厂或扩建、改建工程中，事先要进行周密的可行性研究，以期选择一个产品成本低于社会平均成本的建厂方案，从工业布局、投资建厂方面避免失误。在新产品投产前的产品设计方案中，要应用价值工程进行功能成本分析，以期选择一个所费成本最低而所得功能最大的设计方案，以杜绝先天性的损失浪费。经过功能成本分析，实现优化后的设计成本，根据其用工、用料标准，确定标准成本或定额成本，在生产过程中揭示成本差异，及时控制成本。

从当前实际情况出发，成本日常控制的重点是：第一，控制高于或低于废品率的差异；第二，控制计时工资的生产效率差异；第三，控制材料、能源消耗量差异。企业要依靠广大职工，集中力量，逐日核算与分析优质、高产、低消耗三项重点差异，逐日累计，定期公布，采取措施，及时把损失浪费消灭在生产第一线。

四、准确、及时核算产品成本，保证成本指标的真实性和可比性

成本核算的方法取决于企业生产工艺过程的特点与管理的要求。正确地核算产品成本，必须严格地遵守国家规定的成本开支范围和各项费用开支标准。同时，必须划清几项费用界限。

新中国建立 40 多年来，我国企业的成本核算一直采用全部成本法进行核算，在各产品之间分摊管理费用，费时费力，比较复杂。为了简化和更加符合国际惯例，首先，要改过去实行的全部成本法为制造成本法核算产品成本。企业产品成本包括直接材料、直接工资和制造费用。销售费用、管理费用，以及财务费用不再计入成本，直接体现在当期损益，以缓解当前企业成本核算不实和企业潜亏的问题。同时，实行坏账准备金制度，计提的坏账准备金计入管理费用，以强化企业风险意识，分散经营风险。简化低值易耗品摊销办法，加强账外物品的管理。其次，总结实践中行之有效的成本核算方法，如简易的定额法成本核算；分步平行结转定额成本差异法核算；车间实行定额法核算成本差异，厂部实行实际法核算产品成本；车间按变动成本法核算责任成本与厂部核算产品完全成本相结合；集中式两级核算责任成本法；制造成本法试点；质量成本统计核算与会计核算相结合；质量责任成本核算法，等等。从我国实际情况出发，为了适应企业走向国内、国际市场的要求，应逐步把完全成本法、变动成本法和责任成本核算有机地结合起来，努力做到在一套账簿系统中输出多种功能的成本信息，以满足宏观经济管理和企业内部经营决策的需要。因而，必须加快实现成本核算手段的电算化系统。

在不断总结成本定额法核算的基础上，应逐步推行标准成本法核算。目前，企业应因地制宜，大力推行责任成本核算。有条件的企业，根据需要，可推行责任质量成本核算，把质量成本核算纳入企业责任会计体系，以杜绝惊人的质量损失。成本核算方法一经确定就不宜改变，以保证成本指标的可比性。

五、认真开展成本分析和成本考核工作

只有实事求是地分析过去，科学地预测未来，才能严密地控制现在，达到预期的目标。企业应定期开展成本分析工作，发动群众不断总结降低成本

的经验，深入挖掘企业内部降低成本的潜力，推动企业向社会提供适销对路的优质价廉的产品，以提高企业的竞争能力。社会主义市场竞争的实质是产品质量的竞争，也是产品价格的竞争，说到底，是成本的较量。

成本分析应以单位产品成本分析为重点；应分析产品产量、质量变动对成本的影响；应深入分析材料、能源消耗定额差异，并分析技术经济指标变动对成本的影响等等。

过去考核企业的可比产品成本降低率指标已经失去考核的作用。从1992年第2季度开始实施的国家统计局《关于改进经济评价考核指标实施方案》中，规定工业成本利润率指标（报告期实际利润总额和报告期销售工厂成本之比）是考核企业降低成本经济效益的指标。工业经济效益综合指数是全国统一的经济效益评价标准的指标，其计算公式如下：

$$工业经济效益综合指数 = \frac{\Sigma\left(\dfrac{某项经济效益指标报告期数}{该项指标全国标准值} \times 权数\right)}{总权数}$$

上式总权数为100，工业成本利润率为15，降低成本实现的效益在综合经济效益中的重要程度为15%。

在实际工作中，有的部门用销售成本率作为考核指标，多数企业则应用单位产品成本指标考核分厂或车间。

转换企业经营机制，完善企业成本管理体系，是一项错综复杂的工作，是生产关系的调整和变革。企业领导必须首先转变观念、更新观念，面向市场，提高对市场变化的适应能力。而完善企业成本管理体系，就能从企业内部建立市场应变机制，使企业适应市场、巩固市场、拓展市场，使企业真正成为自主经营、自负盈亏、自我发展、自我约束的商品生产者和经营者。

原载《经济管理》1993年1月

财务分析及其主要内容

社会主义市场经济越发展，财务管理越重要。随着改革开放的不断深入，市场竞争日益激烈，财务管理在社会主义市场经济发展中的战略地位日益明显，企业资金的筹集和投放、资金的运用、资金的耗费、收益的分配、财务关系的调节等，构成了财务管理的基本内容。而财务预测、财务计划、财务控制、财务分析和评价等构成了企业财务管理的主要环节。《企业财务通则》的实施规范了企业的财务行为，实现了企业财务管理的规范化、科学化。

企业只有实事求是地总结过去，科学地预测未来，才能严密地控制现在，达到财务管理的预期目标。因此，财务分析作为财务管理的一个环节，就是借助财务评价指标体系，分析企业的财务状况，做出财务评价，定期向投资者、债权人、政府有关部门以及其他与企业有关单位提供财务报告。其中，股票上市的股份有限公司还应向证券交易所和证券监管委员会提供企业的财务报告。

在传统的计划经济模式下，40多年来，我国企业财务评价指标体系不仅烦琐复杂，不适应企业转换经营机制的要求，也很难确保国家宏观调控的需要。它既不能满足当前投资者、债权人以及关心企业的有关各方的需要，又不能很好地体现资本保全、价值补偿、等价交换等商品经济的原则，不利于把企业推向市场，促进社会主义市场经济的发育与成长。

国际通行的企业财务分析一般有下列主要内容：（1）企业获利情况的趋势分析；（2）占用资产（或资本）与获得利润情况的分析；（3）借债经营对投资者权益影响的分析；（4）每股普通股分得股利的分析；（5）利润与利息、股利之间关系的分析；（6）企业短期内资金实力的分析；（7）企业资金来源结构的分析；（8）企业提高盈利能力方面财务实力的分析等。

构建企业财务评价指标体系的原则，应当是从我国社会主义市场经济发展的客观要求以及企业财务活动的实际情况出发，总结新中国成立以来，特别是改革开放以来积累的丰富经验和行之有效的方法，并尽可能地借鉴国外先进的管理办法和经验。从全国90%以上企业实行承包制的现状出发，国有大中型企业的财务评价指标体系可设想如表（见下表）所示。

资金实力分析指标	资金结构分析指标（资金来源）	（1）自有资金构成比率 （2）资本负债比例 （3）资本金构成比率 （4）所有者权益构成比率 （5）长期负债构成比率 （6）流动负债构成比率
	资产结构分析指标（资金占用）	（1）流动资产构成比率 （2）流动资产对固定资产比率 （3）销售债权对盘存资产比率 （4）速动资产构成比率
	企业偿债能力分析指标	（1）流动比率 （2）速动比率 （3）企业血压 （4）负债比率 （5）货币资金比率 （6）即付比率

	生产成果增长指标	(1) 工业增加值增长率 (2) 工业净产值增长率
经营能力分析指标	销售成果增长指标	(1) 工业产品销售率 (2) 销售收入增长率 (3) 市场占有率
	财务成果增长指标	(1) 利润总额增长率 (2) 自有资金增长率
	企业经营效率指标	(1) 流动资金周转次数 (2) 存货周转率 (3) 成品资金周转率 (4) 应收账款周转率、平均收账期 (5) 全员劳动生产率（按净产值计算）增长率
获利能力分析指标	核心指标	(1) 资本金利润率 (2) 资本金增值率 (3) 销售利润率、营业收入利润率 (4) 营业利税率 (5) 成本利润率 (6) 资产报酬率 (7) 资金利税率
	一般指标	(1) 总资产周转率 (2) 普通股权益报酬率、净值报酬率 (3) 普通股每股收益额 (4) 股票价格与收益比率 (5) 每股股利 (6) 股利分派率 (7) 证券收益率 (8) 股利与股票价格比率 (9) 股东权益比率 (10) 负债对股东权益比率

表中评价指标体系设置的原则如下：

第一，要贯彻公开性原则。过去企业财务报表只满足政府、主管部门宏观管理的需要，这次改革必须十分注意满足企业外部的投资者、债权人及其他财务报表使用者的需要。西方发达国家都设有专门机构搜集各行业及所有上市公司的财务报表并加以分析，我国也应借鉴这种做法，设立会计信息专门机构，向社会定期公布上市公司的财务指标并加以分析和评价。

第二，要贯彻可比性与实用性原则。设置财务评价指标体系必须遵循可比性原则，以便对不同行业、不同企业以及同一企业不同时期的指标进行比较。通过不同时期的指标纵向对比，可以预见企业财务状况变化趋势；通过不同行业、地区、企业间的指标横向对比，可以发现自己存在的问题。所谓实用性原则，就是说财务指标体系的设置要简便易行，便于掌握。从我国实际情况出发，指标的计算、资料既易于取得，又具有一定科学性，便于实现指标计算、分析的电算化。

第三，要贯彻相关性原则。设置财务评价指标体系，既能适合使用财务报表的各类人员的共同需要，又能为不同使用人员根据自己特定的用途，选择所需要的财务指标。

第四，要逐步贯彻谨慎性（稳健性）原则。在分析企业的偿债能力、变现能力、获利能力等方面不应过高估算能力，在估算企业经营风险方面不宜低估风险程度。谨慎性原则不仅体现在会计处理方法上实行加速折旧、计提坏账准备等方面，而且财务评价指标的计算方法可以灵活多样。例如，计算速动比率指标，可以是速动资产与流动负债对比；也可用流动负债减去速动资产后的差额与流动负债对比。又如计算流动比率指标，可以是流动资产与流动负债对比；也可以用流动资产扣除存货后的差额与流动负债对比；还可以用现金、银行存款、可上市证券和短期应收账款之和与流动负债对比等等。

应当看到，通过分析、评价财务评价指标虽然可以诊断企业的财务状况，

为企业领导对未来的财务困境发出警报。但是，客观上它存在着如下缺点：

第一，财务指标一般是用货币计量的价值性指标，由于价值的曲折性、迂回性，它往往不能直接反映实际生产经营情况和成果。因此，就不能只从价值形态指标的完成情况做出符合实际的综合评价。

第二，当物价变动频繁或变动幅度较大时，财务指标的分析与评价往往会得出脱离实际的判断，导致错误的决策。

第三，财务评价指标提供的更多的定量化的财务信息，而全面公正的财务评价，还需更多的定性化的财务信息与非财务信息。因此，企业只依靠财务指标的分析与评价，很难对企业的经济效益做出正确的综合分析与评价。

第四，计算财务评价指标所依据的会计报表，不仅是近似量的计算结果，而且往往存在计量方法的主观选择和判断，甚至假账真算，歪曲事实。因此，财务指标的分析和评价如果不和非货币性的实物量、劳动量指标相结合，如果不和定性信息相结合，如果不和同行业平均指标水平相结合，如果不和实际情况相结合，其分析结果将无助于宏观调控职能的实现，影响社会主义市场经济的顺利发展。

总之，财务指标的分析与评价是企业财务管理的重要环节之一，是企业经营业绩评估的一项重要内容，是企业经营分析的重要组成部分。但是，由于它的局限性，决不能取代企业经济效益的综合分析与评价。

本文原载于《经济与管理研究》1993 年 4 月

企业新旧财会制度转换与衔接的账务处理模式

自 1993 年 7 月 1 日起，我国所有企业实施新的财务会计制度。如何做好新旧制度的转换与衔接工作，笔者根据有关规定，提出了一种转换与衔接的模式，供大家参考。

企业新旧财会制度转换、衔接分为五个步骤，其程序图示如下：

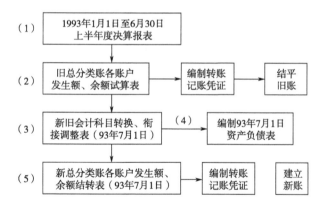

第一步：做好转轨前的半年度决算工作。

企业应提前做好 1993 年 6 月 30 日之前（即上半年）决算结账的一切准备工作。企业编制的决算会计报告，力求做到数字真实，计算准确，内容完整，结账及时。企业应在转轨结账以前，对财产物资进行清查盘点。

原财会制度规定的固定资产标准为：使用年限在一年以上，单位价值在

1 000 元、1 500 元、2 000 元以上的劳动资料。新财会制度对固定资产和低值易耗品的划分标准做了新的规定：房屋、建筑物及与生产经营有关的固定资产标准只有一个，即只有使用年限在一年以上这个标准，取消了价值标准，不属于生产经营主要设备的物品，单位价值在 2 000 元以上，并且使用年限超过两年的，也作为固定资产。

由于新旧制度对固定资产划分标准不同，原作为固定资产核算的劳动资料，经过决算前的盘点清查，鉴别出一批固定资产转作低值易耗品。同样，有一部分原作为低值易耗品核算的劳动资料要转作固定资产。因此，在清查盘点中，一方面按新制度的规定，重新制定固定资产目录，经调整的劳动资料中，区分原值、已提折旧额，编制调整清单，以便根据调整清单的劳动资料的折余价值，在转轨时转入"待摊费用"或"递延资产"科目。

在决算结账前，对各项资产、负债账户进行清理、分析，核对其真实性。

例如，对"长期投资"科目，应逐笔分析购买的有价证券和其他投资收回变现的时间，将一年内能变现的有价证券和其他投资单独列表核算，以便转轨衔接时，由"长期投资"科目转入新设立的"短期投资"科目。

又如，对"专用基金——更新改造基金"科目，凡属于毁损或遭受非常损失等原因而清理报废并已转入"待处理财产损失"科目的固定资产，在转轨前，应及时按照规定程序报经批准后转销，未转销部分，连同已记入"专用基金——更新改造基金"的固定资产清理收入和清理费用，一并转入"固定资产清理"科目。

再如，对"工资基金"科目，新制度规定，无论是基本工资、附加工资、奖金，均通过"应付工资"科目核算。调账时，企业应将"工资基金"科目的余额转入"应付工资"新科目，并应注意有关政策的规定等。总之，决算结账以前应清理各科目的内容后，才能转轨、衔接。

第二步，编制旧账总账科目发生额、余额试算表，结平旧账。

企业应在 1993 年 6 月 30 日结账时，编制"1993 年上半年旧账总账科目发生额、余额试算表"，有的科目，如"专用基金"等应编制二级科目发生额、余额试算表。企业根据该表，填制转账记账凭证，于 1993 年 6 月 30 日进行旧账户的结平工作。

第三步：编制企业新旧会计科目转换、衔接调整表。

在对比新旧会计科目的基础上，根据"1993 年上半年旧账总账各科目发生额、余额试算表"，编制"企业新旧会计科目转换、衔接调整表"（如下）。该表按每个总账会计科目（包括必要的二级科目）设置：①旧资金平衡表的项目、金额；②调整后的新会计科目、金额；③新资产负债表的项目、金额等 3 大栏目，并按每一会计科目逐一平衡、转换、衔接。其中，有的会计科目的转换关系到国家政策规定的具体做法，模拟实例中列示了几种不同意见，企业应按国家最后规定的政策界限处理，转换成新账的有关会计科目不得随意变更。

企业新旧会计科目转换衔接调整表
1937 年 7 月 1 日

旧资金平衡表		调整后的		新资产负债表	
项目	金额	新会计科目	金额	项目	金额

编制上述调整表应注意下列几个问题：

1. "短期投资"科目：核算企业购入的各种能随时变现、持有时间不超过一年的有价证券，以及不超过一年的其他投资。超过一年的在"长期投资"科目中核算，按新制度调账时，应对旧"有价证券"科目和"长期投资"科目的余额进行分析后进行结账。应注意：第一，长期债券的应付利息在调账

前应事先预提应计利息，记入有关旧的"专用基金"科目后再调账。第二，在采用权益法核算"长期投资"账户的企业，其投资额要随接受投资单位净资产增加（或减少），作为投资收益（或损失）。同时，"长期投资"账户也同样增加（或减少）。调账时，有两种做法：其一，调账时仍按账面价值结转，年终再根据接受投资单位净资产增减情况，调整"长期投资"账户。其二，在调账时，将"长期投资"账户按权益法的要求调整，其增减数不作为投资收益处理，而作为增减国家投资处理，记入旧"固定基金"科目。

2. "坏账准备"科目：坏账准备一般在年度终了时预提，但由于新制度于7月1日开始实行，因此，调账时可不计提坏账准备。但过去积累的陈账较多，调账前，对"应收账款"应进行清理。对三年以上确实收不回来的应收账款，经批准可一次列入成本，数额较大的，可分次摊入成本。

3. "短期借款"和"长期借款"科目：前者，核算企业借入期限在一年以下的借款；后者，核算企业借入期限在一年的各种借款。对于企业借入的用于购建固定资产或长期投资的借款，其利息支出和外币折合的差额，在发生时记入"财务费用"账户。调账时，属于与购建固定资产有关，但未办理竣工决算的，记入"在建工程"科目。对于购建工程已办理竣工决算交付使用的：第一，可冲减有关专用基金；第二，也可记入"递延资产"科目；第三，对这部分利息支出和外币折合差额，可先不计算提取，待偿还借款时，再行处理，计入当期损益。

4. "长期应付款"科目：核算企业除长期借款和应付债券以外的其他各种长期应付款，包括采用补偿贸易方式引进国外设备价款，应付融资租入固定资产的租赁费等。调账时，将旧科目"应付引进设备款"的余额，以及"专项应付款"科目中属于应付融资租入固定资产的租赁费及其他长期应付款，均转入"长期应付款"科目。

5. "待摊税金"旧科目：核算企业交纳中间产品税，以及一次购买印花税票和一次交纳印花税数额较大的金额。新制度未设本科目，调账时，应将"待摊税金"科目的期末余额记入"待摊费用"科目。

6. "发出商品"旧科目：新制度取消了"发出商品"科目。对于"发出商品"科目的余额，调账时可选择下列方法的一种。第一，仍保留"发出商品"旧科目的余额，以后收回货款时，随收随转销售，结平为止。第二，调账时，把"发出商品"科目余额转记销售，按应收回的销售款，借记"应收账款"科目，贷记"产（商）品销售收入"科目；并结转产（商）品销售成本，借记"产（商）品销售成本"科目，贷记"发出商品"科目；并结转已记入"发出商品"科目的代购买单位垫付的包装费和运输费，借记"应收账款"科目，贷记"发出商品"科目，结平"发出商品"科目。

7. "应弥补亏损"旧科目：过去核算两项内容：一为应由预算弥补的亏损；二为应由以后年度利润弥补的亏损。前者属于国家结算的性质，可列为应收款项。调账时，可继续保留"应弥补亏损"旧科目，待有关方面弥补后，可逐步结平这个科目。

8. "预付账款"和"预收账款"科目：原制度未设置这两个科目。调账时，应将预付账款数额由"应付购货款"科目中分离出来，记入"预付账款"科目，同时，应将预收账款数额由"应收销货款"科目中分离出来，记入"预收账款"科目。分离结账以后，再将"应收销货款"科目的余额转入"应收账款"新科目中。同样，将"应付购货款"科目的余额转入"应付账款"新科目。

9. 关于季节性生产企业"车间经费"、"企业管理费"旧科目的余额，应按照新制度规定的要求，调账时，属于制造费用部分，应转入"制造费用"新科目；属于管理费用部分，应转入"管理费用"新科目；属于财务费用部

分，应转入"财务费用"新科目。

10. "自制半成品"和"产成品"科目：新制度规定，在产品、产成品不再分摊管理费用、财务费用。调账时，在产品、产成品包含的管理费用、财务费用不用调整，待生产完工交库销售时逐步转销；另一种办法是把这些费用分解出来，作为待摊费用，执行新制度后，再列作期间费用。

第四步：编制转换后的资产负债表。

根据"企业新旧会计科目转换、衔接调整表"的"新资产负债表的项目、金额"栏，汇总相同的项目、金额，编制转换后的当期（即1993年7月1日）的"资产负债表"。

第五步：编制新总分类账各账户发生额及余额结转表。

编制新的"资产负债表"后，仍要根据"企业新旧会计科目转换、衔接调整表"的"调整后的新会计科目、金额"栏，编制"新总分类账各账户发生额及余额结转表"。该表反映了按新会计科目转换后的各账户的1993年1月1日期初余额，1993年上半年发生额，以及1993年6月30日的期末余额。

"新总分类账各账户发生额及余额结账表"是建立新账的原始记录，按转换后的新会计科目的发生额、余额，登记1993年7月1日启用的新账。以满足编制1993年度的"财务状况变动表"或"现金流量表"的要求。

原载《财会月刊》1993年5月

构建适应社会主义市场经济要求的
企业财务分析和评价指标体系

随着改革开放的不断深入，市场竞争日益激烈，财务管理在推进企业转换经营机制、提高企业的管理水平和经济效益、加速市场经济发展方面的战略作用和地位日益明显。企业资金的筹集和投放，资金的运用与周转，资金的耗费和补偿，资金的收回与分配，财务关系的调节与各方利益的调和，构成了财务管理的基本内容。而财务预测、财务决策、财务计划、财务控制、财务分析、评价和考核等构成了企业财务管理的主要环节。我国财会制度的重大改革，《企业财务通则》《企业会计准则》的实施，不仅规范了企业的财务行为，实现了企业财务管理的科学化，而且贯彻落实了《条例》的企业理财权力，建立了资本金制度，理顺国有企业的产权关系，评价企业经营成果也有了真实客观的标准，为解决企业包袱过重的问题起到了促进作用，并为企业走向国内、国际市场创造了条件。

企业只有实事求是地总结过去，科学地预测未来，才能严密有效地控制现在，达到财务管理的目标。因此，财务分析和评价作为财务管理的一个环节，就是企业自我的财务诊断。即通过对财务报表的各项数据有目的地加以考察研究，借助财务分析和评价指标体系，对企业一定时期

的财务状况，经营成果，以及经营前景作出正确的评价，并定期向投资者、债权人、政府有关部门，以及其他与企业有关单位提供财务报告。其中，股票上市的股份有限公司还应向证券交易所和证券监管委员会提供企业的财务报告。财务报告的分析和评价是提供报表使用者作出科学决策的重要依据。

财务报告主要包括两个部分：第一，企业对外报送的会计报表：资产负债表、损益表、现金流量表、利润分配表、主营业务收支明细表、月度财务快报等。但分析和评价企业财务状况，还需分析和利用企业内部会计报表，如产品成本、费用计算表、投资项目分析表、产成品资金占用情况表等提供的会计信息。第二，企业编写的财务情况说明书。它反映了以下主要内容：（1）企业一定时期的生产经营情况，利润的实现与分配情况，资金增减变动及运用情况，财务收支情况，现金流量情况，税金缴纳情况，以及各种财产物资的变动情况等。（2）会计期间发生的对企业财务状况变动有重大影响的事项，以及便于正确理解企业财务报告需要说明的事项等。（3）总结、考核和评价企业财务状况及经营成果的财务指标的完成情况等。财务情况说明书应对每个问题，用数据简要说明基本情况，做到简练、概括、一目了然。除概况外，要总结成绩和问题，并提出改进措施。财务情况说明书不应是分析资料的简单罗列，既有分析计算的结果，又是调查研究的报告，应是企业财务状况的剖析与诊断书，它有助于挖掘企业潜力，提高企业的经济效益。

新中国成立40多年来，我国企业财务分析和评价工作在我国经济建设中虽然起了不少的作用，但其指标体系不仅烦琐复杂，且不适应企业转换经营机制的要求，也难确保国家宏观调控的需要。它既不能满足投资者、债权人及有关各方的需要，又不能很好地体现资本保全、价值补偿、等价交换等商品经济的原则，不利于把企业推向市场，促进社会主义市场经济的发育和成长。

国际通行的企业财务分析一般包括下列主要内容：（1）企业获利情况的趋势分析；（2）占用资产（或资本）与获得利润情况的分析；（3）举债经营对投资者权益影响的分析；（4）每一普通股分得股利的分析；（5）利润与利息、股利之间关系的分析；（6）企业短期内资金实力的分析；（7）企业资金来源结构的分析；（8）企业提高盈利能力方面财务实力的分析；等等。

构建企业财务分析和评价指标体系，应从我国社会主义市场经济发展的客观要求及企业财务活动的实际情况出发，尽可能借鉴国外先进的管理办法和经验，并总结改革开放以来积累的丰富经验和行之有效的方法。国有大中型企业财务分析和评价指标可按下列三方面内容设置。

一、企业筹资决策分析

项目	指标	项目	指标
1. 融资政策分析	（1）波动性流动资产额 （2）永久性流动资产额 （3）长期资产额 （4）流动负债额 （5）自发性流动负债额 （6）长期负债额 （7）所有者权益	3. 筹资结构优化分析	（1）债务来源构成指标 （2）借入资金归还期限构成指标 （3）筹资成本与支付期组合指标 （4）筹资投向构成指标 （5）加权平均综合资金成本率指标
2. 经营杠杆与财务杠杆关系的分析	（1）经营杠杆度（DOL） （2）财务杠杆度（DFL）		

二、企业投资决策分析

项目	指标	项目	指标
[项目投资] 1. 投资环境分析	(1) 投资环境评分 (2) 汇总评分	6. 投资风险价值 分析	(1) 借入资金与自有资金比率 (2) 借款利息率 (3) 风险报酬增长率 (4) 期望自有资金收益率 (5) 按风险调整贴现率指标 (6) 资本资产定价模型 (7) 按投资项目类别调整现金流 量指标 (8) 约当系数
2. 可行性研究与项 目财务评价	(略)		
3. 非贴现现金流量 分析	(1) 投资回收期 (PP) (2) 平均投资报酬率 (ARR)	[证券投资] 1. 证券投资收益 分析	(1) 本期收益率 (2) 持有期收益率 (3) 到期收益率 (4) 拆股后的持有期收益率 (5) 证券投资报酬率
4. 贴现现金流量 分析	(1) 净现值率 (2) 现值指数 (3) 内部收益率 (4) 利润指数	2. 证券风险与报酬 率的关系	资本资产定价模型
5. 考虑通货膨胀和 风险因素的现值 分析	(1) 名义利率 (2) 实际利率 (3) 通货膨胀率	3. 证券投资分析	(1) 国民生产总值 (2) 通货膨胀率 (3) 银行利率 (4) 行业生命周期 (5) 企业经营状况指标 (6) 市盈率

三、企业财务状况分析

项目	指标	项目	指标
[资金实力] 1. 资金结构分析 (资金来源)	(1) 自有资金构成比率 (2) 资本负债比率 (3) 资本金构成比率 (4) 所有者权益构成比率 (5) 长期负债构成比率 (6) 流动负债构成比率 (7) 债务股权比率	2. 资产结构分析 (资金占用)	(1) 流动资产构成比率 (2) 流动资产对固定资产比率 (3) 销售债权对盘存资产比率 (4) 速动资产构成比率 (5) 固定资产与权益总额比率 (6) 固定资产与固定负债比率 (7) 固定资产与长期负债比率

续表

项目	指标	项目	指标
3. 偿债能力分析（长期、短期）	（1）资产负债率 （2）所有者权益负债率 （3）现金流入量对负债总额比率 （4）长期资产与长期负债比率 （5）流动比率 （6）速动比率 （7）企业血压 （8）货币资金比率 （9）基础防卫期间 （10）营运资金与流动负债比率 （11）产权比率 （12）有形净值债务率 （13）固定资产与所有者权益比率 （14）已获利息倍数	4. 营运效率分析	（5）营运资产周转率 （6）现金比率、货币资金周转率 （7）流动资产占用率 （8）商品存货变现能力 （9）企业支付能力指数 （10）结算速度对流动资产效率影响 （11）固定资产净值率、使用率、占用率、增减率、更新率、退废率、周转率 （12）销售收入与固定资产比率 （13）总资产周转率 （14）销售资金率
[经营能力] 1. 生产成果分析	（1）工业增加值增长率 （2）工业净产值增长率	[盈利能力] 1. 核心指标	（1）资本金利润率 （2）销售利润率（营业收入利润率） （3）营业利税率 （4）成本费用利润率 （5）资产报酬率 （6）边际利润率 （7）流动资产利润率 （8）固定资产利润率 （9）净收益与销售额比率 （10）所有者权益与销售额比率 （11）费用水平、费用结构变动、费用变动趋势指标 （12）销售成本、费用率
2. 销售成果分析	（1）工业产品销售率 （2）销售收入、营业收入增长率 （3）市场占有率		
3. 财务成果分析	（1）利润总额增长率 （2）税后利润增长率 （3）所有者权益收益率 （4）公积金增长率 （5）资本金利润率增长率 （6）自有资金增长率 （7）资本金增殖率 （8）普通股每股账面价值	2. 股份公司指标	（1）普通股权益报酬率 （2）普通股每股收益额 （3）股票价格与收益比率 （4）每股股利 （5）股利分派率 （6）证券收益率 （7）股利与股票价格比率 （8）股东权益比率 （9）收益与利息保障倍数比率 （10）收益对优先股股利保障倍数 （11）每股现金流量 （12）股利支付率
4. 营运效率分析	（1）流动资产周转率 （2）存货周转率 （3）成品周转率 （4）应收账款周转率（平均收账期）		

企业财务状况分析和评价指标，国际还通告按（1）成长性；（2）生产性；（3）收益性；（4）活动性；（5）稳定性等"五性"指标分列，并用雷达图加以反映。

上述企业财务分析和评价指标体系设置的原则如下：

第一，要贯彻公开性原则。过去企业财务报表只满足上级主管部门宏观管理的需要，这次改革必须十分注意满足企业外部投资者、债权人及其他财务报表使用者的需要。西方发达国家都设有专门机构搜集各行业及所有上市公司的财务报表加以分析，会计信息专门机构向社会定期公布上市公司的财务指标，并加以分析和评价，我国也应当借鉴这种做法。

第二，要贯彻相关性原则。设置企业财务分析和评价指标体系，既能适合使用财务报表的各类人员的共同需要，又能为不同使用人员根据自己的特定用途，考虑行业的特点，选择适宜的财务分析指标和评价指标。

第三，要贯彻可比性和实用性的原则。设置企业财务分析和评价指标体系，必须遵循可比性的原则，通过同一企业不同时期指标的纵向对比，可以预见企业财务状况变化趋势；通过不同行业、地区、企业间指标的横向对比，可以发现企业存在的差距和问题。所谓实用性原则，就是说指标的设置要通俗易懂，便于掌握。指标的计算，资料的取得，既具有一定科学性，又便于实现计算、分析的电算化。

第四，适当贯彻稳健性原则。在分析企业的偿债能力、获利能力时不宜估算过高。在衡量企业经营风险方面切忌低估风险程度。稳健性原则不仅体现在会计处理方法上实行加速折旧、计提坏账准备方面，而且财务指标的计算方法可以灵活多样。例如，计算速动比率指标，可以是速动资产与流动负债对比；也可以用流动负债减去速动资产后的差额与流动负债对比等等。

应当看到，通过分析、评价财务指标，虽然可以诊断企业的财务状况，为企业领导对未来的财务困境发出警报，但是，实际上存在着下列缺点与问题。

第一，财务指标一般是用货币计量的价值指标。由于价值的曲折性、迂回性，它往往不能直接反映实际生产经营情况和成果。因此，就不能只从价值形态指标的完成情况作出符合实际的正确评价。

第二，企业财务分析和评价指标提供的是更多的定量化的财务信息，而全面公正的财务分析和评价还需要更多的定性化的财务信息和非财务信息。因此，企业只靠财务指标的定量分析，就很难作出正确的评价。

第三，当物价变动频繁或变动幅度较大时，财务指标的分析和评价往往会得出偏离实际的判断，甚至导致错误的决策。

第四，计算财务分析和评价指标所依据的会计报表不仅是近似量的计算结果，而且客观上存在核算方法的主观选择和判断，甚至假账真算。

因此，财务指标的分析和评价，如果不和实物量、劳动量指标相结合，如果不和定性信息相结合，如果不和实际情况相结合，如果不和同行业平均指标水平相比较，其分析和评价结果既无助于宏观调控职能的实现，也满足不了报表使用者的要求。

总之，财务指标的分析和评价是企业财务管理的一项重要环节，是企业经营业绩评估的一项重要内容，是企业经济分析的重要组成部分。但是，由于存在上述的局限性，因而它也决不能取代企业经济效益的综合分析和评价。

原载《会计研究》1993 年 6 月

技术创新中的人力资源成本

一、技术创新的过程

知识经济时代的经济将不再完全依赖资源和资金等要素来获得发展，而是主要依靠技术创新。目前西方发达国家已进入新的产业调整阶段，带动了世界性的产业大调整。高新技术产业正逐步取代传统产业，成为经济增长的主要动力，形成了知识经济时代更加剧烈的国际竞争。

技术创新不只是单纯的技术开发和发明创造，而是知识和经济的综合体。它包括产品创新、工艺创新、组织创新、管理创新，以及市场开拓创新等方面内容。技术创新的过程包括：（1）确定科学研究项目；（2）技术开发或引进先进技术；（3）中间试验或对引进技术消化吸收国产化；（4）试制鉴定，小批生产；（5）批量生产；（6）新技术成果销售，开拓市场，进入国际网络销售；（7）售后服务或改进。根据高新技术企业技术创新的过程和特点核算人力资源成本有重要的现实意义。

二、科研活动与人力资源成本

科研活动是指对新技术、新产品、新工艺、新材料及其系统的研究、试制和应用过程，其活动本身和成本处理具有如下特点：

第一，科研活动是一种探索性劳动，最终的经济效益与社会效益难以事先估计，因而具有不确定性和风险性，往往与事先规划不尽相同。

第二，科研活动是一项长远性、连续性活动，因而科研周期不易确定。

第三，科研活动是一项知识性、创造性劳动，各科研项目之间不具有可比性。

第四，科研活动及其成果是一项复杂的脑力劳动，是知识性产品，是智慧的结晶，一般不易以社会必要劳动价值为基础定价。衡量科研人员的贡献，制定考评与奖励办法，要注意智力性与个体性。因而人力资源成本中劳动报酬可按课题项目的收益提成办法计入其项目成本。高新技术企业设有研究机构的，其有关科研人员工资、补助工资、福利费、奖金等均应计入有关项目的人力资源成本。

第五，科研成果与发明专利的所有权具有无形资产的性质，这一部分人力资源成本可以实行资本化管理，可以出售转让、入股或出口，并要评价单项转让的无形资产价值。这项无形资产与商誉、特许权、秘密配方、技术诀窍等一样，一般分期摊销计入新产品开发成本。

第六，科研项目研究失败的，可在企业积累基金或技术风险基金下列支；科研成果中人力资源成本形成固定资产的，可实行人力资源成本资本化管理，按提取折旧的方法，分期计入受益项目的成本；形不成固定资产的，按"待摊费用""递延费用"处理办法负担，实行人力资源成本费用化管理。科研成果直接出售或专利转让的，一次直接计入项目成本。

三、新技术开发活动与人力资源成本

高新技术企业新技术、新产品、新工艺、新材料、新能源的开发活动包括技术开发、中间实验、引进技术、消化吸收和国产化等。新技术开发的程序是：调查研究──产品构思──开发决策──新产品设计（或引进技术消化吸收国产

化）——→选出最优设计方案——→试制、鉴定——→市场开拓。因此，高新技术企业相应的核算成本形态及程序为：产品寿命周期成本——→用户成本——→目标成本——→进行功能成本分析——→优化后设计成本方案——→新技术开发项目成本或引进技术消化吸收及国产化成本。上述各项成本形态中均包含相应的人力资源成本。

新技术开发从设计、试制到投产的各个阶段试制费用中，人力资源成本占一定比重，应进行核算和监督，每一项新技术开发项目的成本均应单独核算。新技术开发的最初成果一般在样机试制、小批试制阶段，这个阶段是保证新产品质量的关键阶段，是技术鉴定、正式投产的前提。这一阶段必须实行目标成本控制，以保证实现企业的经济效益。在引进技术消化吸收和国产化过程中实际发生的人力资源成本均应计入项目成本，实行费用化管理。对于高新技术企业的技术咨询、技术服务、技术培训、技术承包、技术工程设计和承包、技术出口等项目中实际发生的人力资源成本，一般也应实行费用化管理。

四、高新技术企业人力资源总成本的内容

高新技术企业人力资源总成本由下列内容构成：

（1）人力资产摊销数：包括人力资源取得成本与开发成本总额在一定时期内根据受益原则，按一定标准分期摊销数。

（2）人力资源使用成本：包括职工工资、奖金、津贴、职工福利费、超额劳动报酬、质量奖、技术发明、革新奖、文体费、疗养费等支出。

（3）人力资源保障成本：包括劳动事故保障成本、职工健康保障成本、职工离退休养老保障成本、职工待业保险费等。

（4）职工离岗成本：包括下岗分流生活费支出与再就业培训支出、离退休职工生活费与补偿成本等。

（5）人力资源管理成本：包括人事管理部门的经费等。

高新技术企业人力资源成本构成

高新技术企业技、工、贸活动	［管理会计］成本形态	［财务会计］实际成本支出		人力资源成本（资本化管理）	人力资源成本（费用化管理）	人力资源成本合计数
高新技术企业人才开发成本		取得成本	招募成本 选聘成本 录用成本 安置成本	人力资源		（1）人力资产摊销数
		开发成本	岗前培训成本 在岗培训成本			
科研活动人力资源成本		科研项目中人力资源成本 试制项目中人力资源成本		（1）科研、技术开发成果形成无形资产 （2）科研、技术开发中形成固定资产 （3）待摊费用、递延费用	（1）科研、技术开发成果收益提成； （2）科研机构经费中人力资源成本。 （3）科研、技术开发、生产、销售、技术服务中的人力资源成本； （4）人事管理部门经费等	（2）人力资源使用成本（按科研成果收益提成、工资、职工福利费、津贴、奖金、调养成本） （3）人力资源保障成本（劳动事故、健康退休、失业保障成本） （4）职工离岗成本（下岗分流生活费、再就业培训、离职补偿经费） （5）人事管理部门经费
新技术开发活动人力资源成本	（1）产品寿命周期成本 （2）用户成本 （3）目标成本 （4）优化后设计成本等项目中的人力资源成本	新技术开发项目中人力资源成本 引进技术消化吸收及国产化项目中人力资源成本				
生产活动人力资源成本		计入生产费用、商品经营中的工资、职工福利费；计入管理费用、销售费用中的工资、职工福利费、职工教育经费、咨询费、劳动保险费、待业保险费等				
技术商品销售活动人力资源成本						
技术服务人力资源成本	（1）技术咨询成本 （2）技术服务成本 （3）技术培训项目成本 （4）技术承包项目成本 （5）技术工程设计成本 （6）技术出口项目成本				技术咨询与服务项目中人力资源成本	

高新技术企业人力资源成本可按企业、企业集团总部汇总核算，或根据国家主管部门宏观调控与企业经营决策的需要，核算每一职工平均人力资源成本，或每万元增加值应负担的人力资源成本指标。

本文为王又庄教授与徐秀芝合著作品

原载《财务与会计》1999 年 11 月

指导硕士学位研究生毕业论文的几点体会

通过指导 81 级入学的会计专业硕士学位研究生毕业论文工作，有以下几点粗浅的认识：

第一，论文选题要有明确的指导思想，并要和同学的研究兴趣密切结合起来。

如在研究生学位课《企业经济活动分析的理论与实践》教学中，使同学逐步明确科学研究要为现代化建设实践服务，技术与经济密切结合的研究方向，课程中有质量成本分析的内容，同学很感兴趣。正好中国人民大学杨文士同志在《外国经济管理》杂志介绍了有关质量成本管理的问题，同时又读到机械工业部翻译美国专家丹尼尔·M. 伦德瓦尔与瑞典专家兰纳·桑德霍尔姆的报告资料，我们都认识到质量成本问题是现代化全面质量管理系统中一个重要的子系统，有许多新的问题要探索，有许多需要结合我国国情应用的问题要研究。因此，和同学反复研究讨论，确定了《论工业企业质量成本管理》为毕业论文题目。

第二，搜集资料，深入现场，调查研究，总结经验与问题。

论文选题确定后，首先要用一定的时间专门搜集与整理大量有关论文专题的资料，除师生日常积累的资料外，还要突击一段时间系统地摘录有关的

资料，登记卡片。然后指导同学分类综合整理已经掌握的资料，经与同学讨论，认为当前国内质量成本的研究仍停留在介绍西方做法的阶段。

其次，机械工业部已在全国有三个企业（桂林、哈尔滨、湖北）开始试点这项管理工作，虽然仅仅开始，还必须要求同学亲自调查，深入现场，接触实际，了解真实情况，掌握全国范围内的动态与趋势。因此，决定集中一段时间，利用83年暑期，让同学去湖北第二汽车制造厂调查。84年4月，导师与同学一起去桂林电力电容器厂调查，解剖麻雀，与现场同志深入研究讨论。6月，又让同学去广州缝纫机厂、北京缝纫机一厂、北京建筑工程机械厂、北京开关厂等单位继续深入调查，了解实施质量成本管理的基本情况，取得了大量的原始数据。

最后，还让同学专程去湖北省质量经济学研究会，请教青年质量经济学专家程抱全同志，听取修改意见。

第三，从理论与实践的结合上，从我国实际出发，以创新与改革的精神，探讨在我国实际应用的问题。

在桂林电力电容器厂的调查中，使我们认识到，企业实施质量成本管理一年多的实践证明是必要的，而且是可行的。主要存在的问题是：（1）财会人员认为财会制度上没有规定，人员素质较差，实行中国对各项费用划分不清，事无巨细，均要由总会计师亲自动手。（2）企业基础工作不很健全，厂内各质量成本核算网点有待巩固和提高。（3）质量成本各项目照搬国外一套不符合我国国情。（4）质量成本核算不全，表现在不核算废品损失，又对某些质量原因的损失（如降等降价的损失、质量事故停产损失等）账面上得不到反映。

针对实际工作中存在的问题，我们从理论上提出了首先划清四项费用的论点，即：（1）划清显见成本与隐含成本的界限；（2）划清属于成本开支范围和不属于成本开支范围的界限；（3）划清可控制成本和结果成本的界限；（4）划清完工产品质量成本与在产品质量成本的界限。同时，提出设置《产品质量费用》账户与调整账户，提出全面建立质量成本核算网点与经济责任制结合的问题，并在质量成本预测、计划、控制、分析和考核等方面提出实施质量成本管理的理论与实际具体做法；建立了一定的数学模型，探讨了在电子计算机应用的问题等。

第四，在实践中，要不断检验论文观点与做法的正确性，并应通过实践，不断改进和提高。

该论文不仅被中国质量管理协会和中国成本研究会采用为年会论文，而且为试点企业所接受。财政部工交司、会计事务管理司并准备把质量成本核算做法纳入企业财务成本管理制度。

由于我们水平限制，这项工作存在着不少问题和缺点。主要的缺点是没有把这项专题研究在北京选点，亲自参加实验。虽然这项专题研究基本上处于国内前列，但因人力所限，未能继续发展，因而停留在原有的研究水平。

原载于《研究生教育与研究》1986 年第 1 期

建立新技术企业成本核算体系初探

新技术企业是研究、开发、生产、经营一种或多种新技术及其产品的技术密集、智力密集的经济实体。新技术企业必须实行独立核算、自主经营、自负盈亏，而且必须讲究经济效益，少投入，多产出，以新取胜，以廉取胜。新技术企业必须加强企业的全面质量管理和成本管理。首先要重视抓好成本核算环节，既能促使企业达到国家规定的技术性收入、研究开发经费、新产品产值的比制标准，又有利于贯彻结构性调整方针，以促进新技术企业的发展，无疑地具有十分重要的意义。

按照某一会计期间或某一核算对象的费用与同一会计期间或同一对象的收入，相比较相配合，以便确定净收益或净损失的会计配比原则，新技术企业的成本计算对象和核算的方法，可以按技、工、贸三大类主要收入分别考虑。这三大类主要收入是：（1）技术性收入。（2）生产工业品的销售收入。(3)经营出售技术商品的营业收入等。

技术创新过程的成本核算应根据新技术企业的特点，与技术性收入相配比，其原则如下。

一、科研项目成本

科研活动一般指新技术、新产品、新工艺、新材料及其系统的研究、试制和应用，有其本身特点：具有不确定性和风险性；长远性、连续性、创造性知识性产品，一般不易以社会必要劳动价值为基础定价；衡量科研人员的贡献，制定考评与奖励办法，要注意智力性与个体性特点，因而按项目成果收入分成的奖金可以计入项目成本；科研成果发明专利的所有权，具有无形资产的性质，可以出售、转让、入股或出口，因而要评估单项转让的无形资产价值。因此，科研项目成本核算，不应简单套用科研事业单位或工业企业的做法。

新技术企业科研项目成本主要是与科研项目成果收入相配比设置的。科研项目成本原则上以项目为核算对象，项目周期按承包合同的规定，并作为成本计算期。对不可控制的固定费用，应按一定标准在各受益的科研项目间合理分配。而科研项目中的投资性支出，除某一项目特定的专用试验台等专用工装费用属于一次性消耗进入项目成本外，购进固定资产的价值，除加强事先控制外，应按固定资产核算和监督，不得一次作为费用进入科研项目成本。科研项目中的材料费、燃料动力费、委托加工和协作费、设计图纸资料费、其他费用等属于可控制的变动费用，应直接计入某一科研项目的成本。

项目完成后，按规定进行评审和鉴定，并做好推广与应用工作。如用于本企业新技术开发、技术转让、技术入股、技术出口等。根据鉴定结果，进行科研项目成本的结算。科研项目失败的，可由企业积累基金或技术风险基金列支；科研成果形成固定资产的或项目投资性支出形成固定资产的，可按提取折旧的办法分期计入受益项目的成本；形不成固定资产的项目成本，由应用项目的受益的技术产品和劳务按待摊费用处理办法负担；直接出售或专利转让的项目成果，一次直接计入项目成本。

二、新技术开发项目成本

新技术开发项目成本，主要是与技术开发收入、中间试验产品收入、引

进技术消化吸收所得收入等相配比设置的。

新技术开发的程序是：调查研究—→产品构思—→开发决策—→新产品设计（或引进技术消化吸收）—→选出最优设计—→试制鉴定—→市场开发。因此，新技术企业应核算：产品经济寿命周期成本—→用户成本—→目标成本—→进行功能成本分析—→优化后设计成本—→新技术开发项目成本或对引进技术消化吸收成本。

国外经验证明：用于新技术开发的中间环节投资一般高于科研经费5至10倍，因此，加强新技术开发项目的成本核算，是新技术企业成本管理的一项重要内容。

新技术企业应建立健全新技术开发项目的成本管理制度，对开发项目从设计、试制到投产的各个阶段的试制费用进行核算和监督。每一项新技术开发项目的成本要单独核算和管理，分析和考核每一项新技术开发项目的经济效益。新技术企业必须注意运用价值工程、目标成本等方法，控制新技术开发项目成本，以期新技术开发项目从一开始就控制在一个合理的成本水平，从根本上保证实现企业的经济效益。

在引进吸收国产化过程中的一切费用归集为该项目的引进消化吸收国产化项目的成本，与引进消化所得收入相配比。同时，还要核算该项目节约外汇等经济效益的成果。

三、其他技术性收入项目成本

与技术转让收入相配比，新技术企业应设置并核算新技术转让项目成本，还要区分为转让专利权和不转让专利权两类。至于取得技术转让收入的项目，一般其项目成本多由科研项目成本、新技术开发项目成本，或购入的技术费用开支转来。

新技术企业应根据实际情况，以项目为成本计算对象，根据收入情况相应设置：（1）技术咨询项目成本；（2）技术服务项目成本；（3）技术培训项目成本；（4）技术承包项目成本；（5）技术工程设计项目成本；（6）技术出口项目成本。其中，（1）～（5）可归为技术咨询与服务项目成本内核算。

北京新技术产业开放试验区内新技术企业核定暂行办法规定：新技术企业的技术性收入占总收入的比例，自开办之日起。第一年不低于20%，第二年不低于25%，第三年不低于30%；批量生产新技术产品的企业，其新技术产品的产值应占本企业当年总产值的50%以上。

四、新技术产品的生产成本

与技术产品销售收入相配比，新技术企业应核算产品生产成本，投入批量生产的新技术产品的成本核算，首先必须正确划清各项费用支出的界限，遵守国家规定的成本开支范围，参照《国营工业企业会计制度》的规定，以产品为成本计算对象，正确地计算产品的完全成本，据以确定利润，缴纳税金。

新技术企业应设置"国家扶植基金"会计项目，对国家优惠减免税款的提取、使用单独核算。国家财政、税务部门应对"国家扶植基金"的使用加强监督和管理。

新技术企业生产费用的归集和分配，成本计算的程序和方法，用于新技术和新产品开发的设备、仪器，实行快速折旧的方法，可根据企业的具体情况确定。中小型新技术企业可遵循"归集准则，分摊合理、程序简便、方法易行"的原则进行。从我国实际情况考虑，产品成本仍以完全成本计算为主，不宜采用制造成本法计算方法。

五、技术商品的经营成本

技术商品的经营成本主要是与经营技术商品销售收入相配比的成本核算。

技术商品的经营成本，是指新技术企业在商品经营过程中实际支付的商品进价，（1）商品进价成本：即商品购进价格、进货税金、进口关税、委托加工成本、加工税金等。（2）商品流通费用：即商品运费、装卸搬运费、保管费、挑选整理费、包装费、保险费、广告样品费、商品损耗、手续费、利息、经营机构人员工资、福利费、经营业务用房屋租赁费、修理费、折旧费、低值易耗品摊销、经营的其他费用等。

新技术企业经营的技术商品核算，一般可采用"售价金额核算"。企业要建立实物负责制，按经营技术商品的类别和地点划分营业组，确定专人，负责经营保管。库存技术商品可按售价记账，设置进销差价账户。"库存商品"账户与售价金额反映技术商品的进、销、存情况。新技术商品在售价金额的基础上，按类别、编号、品名、规格分户设置商品实物数量账，严格登记收、付、结存情况，对整机折成零部件出售和配套出售的核算要有明确的规定。新技术企业购销技术商品要遵守物价纪律，并应定期盘点，加强技术商品的溢耗管理。商品、柜组均应结合内部承包责任制，实施责任成本的核算，注意加强对职工的政治思想教育，完善各项手续制度，不断提高新技术企业商品经营管理水平。

六、新技术公司（集团）总部的成本核算

新技术公司（集团）总部发生的总公司管理费用，为企业技术生产、经营、金融业务活动成果等共同负担的费用。因此，要在所属各分公司、各单位之间按一定标准，尽可能合理地分配，在实际工作中，一般按所属各单位

承包的收入或利润额或人员工资等比例进行分配。

根据北京市新技术产业开发试验区财政所总结的经验，各新技术企业应设置"收益汇总"总账账户。"收益汇总"账户是一个计价对比账户。账户借方记入本期结转的科研项目成本、新技术开发项目成本（或引进吸收消化国产化项目成本）、新技术转让项目成本、新技术咨询与服务项目成本，新技术出口项目成本、新技术产品销售成本（包含销售费用）、技术商品经营成本（以上各项成本均含分配的总公司管理费用）及其各自的应纳税金，账户贷方记入相配比的一定时期发生的各项技术性收入，产品销售收入、技术商品销售额等。期末分别结转的各自实现的利润额，转入"利润"账户的贷方，并结平"收益汇总"账户。

新技术企业公司（集团）总部应设"人力资产"总账账户。账户借方记入职工选拔、聘用与职工培训支出的开发费用；账户贷方记入各期摊销分配进入技术、生产、经营的成本；账户借方余额反映以后各期待摊销的费用。新技术企业人力资源成本包括：（1）人力资产摊销数；（2）人事管理费；（3）培训设施折旧费：（4）工资、奖金、福利费等。（2）～（4）项已进入各项技术、生产、经营成本之中，单独考核人力资源成本时，可采用统计方法确定。

综上所述，加强新技术企业的成本的管理，应从企业创建开始，就要注意强化企业的基础工作。企业应制定和实施技术标准、管理标准和技术经济定额；实施检测手段和计量技术现代化；建立以责任制为核心的规章制度；完善企业科学管理的信息系统；职工培训规划的实施等。

忆恩师

深切怀念我的老师王又庄先生

那天接到学弟杨世忠教授的电话，说当年王又庄先生带过的研究生们要纪念老师的百年诞辰。听到这个消息蓦然想到王老师如果还健在，应该是百岁老人，现在人们普遍长寿，人到百岁不再遥不可及，可惜王老师已经离开我们多年，给我们留下无限怀念。又想到今年是我成为王老师开门弟子的第四十个年头，四十年前的记忆涌上心头。

我是北京经济学院劳动经济系1977级学生，经过十年动乱和五年军旅生涯之后能考入大学读书，自然珍惜这个机会。本科毕业之后，经母亲的鼓励，我决定报考本校的研究生。这也是"文革"后北京经济学院招收的第一届本科毕业的研究生。当时我报考的是财贸系（大概记忆如此）的"工商企业经济活动分析"专业。本来劳动经济系有人口学的研究生，但觉得人口学太宏观，不如经济活动分析有实际意义。在通过入学考试以后，学校科研处说经市教委确认，没有"经济活动分析"这个学科，我报考的专业被归为"会计学"，如此这般，导师们认为我本科没有学过财务会计，不适合就读会计学的研究生，打算将我退回劳动经济系。但是我母亲坚决反对我改学人口学，坚持让我学会计学，理由是人口学政治意味太浓，学会计则什么时候都有用。僵持了一段时间后，母亲终于改变主意，同意我

改学人口，但科研处说名单已经上报不能再改了，这样我就阴差阳错地成了一个本科没有学过会计学的学生。后来我母亲身患重病住在北京医院，让我万分感动的是，王又庄老师和另外两位老师为了让我安心学习，专程到医院看望了病榻上的母亲，现在回想起来仍感动不已。

进入研究生的学习之后，王又庄老师作为我的导师为我知识的欠缺费尽了脑汁，操碎了心。当时公共科目可以和其他同学一起上课，但是会计学知识的补课只有我一个人，为此，王老师为我精心设计了补课计划。于是在学院里就出现这样一个神奇的现象，偌大的教室只有一个老师教一个学生，老教授们声震教室，外面的人以为有一屋子学生，打开门一看却只有一个学生听课。我成了老师们精心培育的"独生子"，能接受他们的个别教诲是我一生的荣幸。老师们的良苦用心和谆谆教导让我记忆犹新，终生难忘。由于老师们的"小灶"培养，只用了不到一年时间我就补足了欠缺的基本财会知识，为以后的专业研究和就业打下坚实基础。记得给我补课的老师有：

会计原理：王志忠教授

成本会计：时映西教授

财务管理：唐与仕教授

管理会计：曹冈教授

经济活动分析：王又庄教授

资本主义会计：胡文镐教授

经过一年的会计学知识补课，进入专业学习和毕业论文阶段，我就在王又庄老师的直接教诲和指导下学习和研究。王老师对企业经济活动分析有独到的见解，对会计学中的成本管理非常重视。他认为会计学是实践意义非常重要的学问，成本管理是企业管理的核心，因为市场决定价格，而成本决定利润，企业搞好成本管理就能大大提高经济效益，在市场竞争中处于有利地位。因此，王老师亲自出马为我联系企业，如北京钢琴厂、北京人民食品厂、北京玻璃总厂等，让我和另一个研究生到第一线了解工厂会计工作和成本管理的实际情况，直接参加企业的年终决算，了解成本核算方法和全过程。通过实地参与企业的会计实践和成本管理活动，使我们在课堂上学到的理论知识得到极大夯实，为以后的论文撰写和实际工作打下了基础。

经过王老师的指点，我的毕业论文选择了工业企业质量成本管理这个研究方向。质量成本是把企业的技术和成本结合起来的管理方式，通过质量成本的核算，探讨质量管理的经济效益。当时国内只有少数企业关注这个问题。为此，王老师推荐在这方面做得比较好的企业，如广州缝纫机厂、北京缝纫机一厂、北京建筑工程机械厂、北京开关厂、湖北十堰第二汽车制造厂和广西桂林电力电容器厂，让我下厂实地考察研究，学习人家在这方面的具体做法和有用经验。王老师亲自带我到广西桂林电力电容器厂找该厂的总会计师衣延章先生取经；一路上，王老师言传身教，讲授做学问和做人的道理。记得王老师在路上给我讲解到一个新的地方如何观察周围的人和事，了解、熟悉和适应环境，让我受益匪浅，终生难忘。

在论文的写作方面，王老师从选题到论述都具体指点，从论文字数到结构，从开篇到结尾，耳提面命，亲笔修改，画龙点睛。王老师还联系相关专业的老师，让我登门拜访，请求指点，可以说我的学位取得凝聚了王老师的心血和关怀。王老师待我就像自己的孩子，记得有一次在写论文过程中遇到问题，骑车到他家里请教，大热天正赶上午饭，当时还不兴下饭馆，王老师也不见外，让师母给我们做了炸酱面。现在回想起王老师对我的关爱，不由得泪流满面，无限怀念。

俗话说，"一日为师终身为父"。研究生毕业之后，由于个人原因离开了北京经济学院，离开了对我恩重如山的王又庄老师，现在回想起来确实有点不地道，不仅辜负了王老师和其他各位老师对我的栽培和期望，也是对我"不欠钱，不欠情"为人处世准则的违背，是我对不起王老师。听其他学弟说，王老师在最后的时刻还在打听我的下落，关心我的情况，这更让我心如刀绞，悔恨万分，希望王老师的在天之灵原谅我这个不肖的学生，下辈子一定结草衔环，报答王老师的教诲之恩。

现在唯一能让我心里感到安慰的是，虽然我离开了学校，离开了王老师，但是王老师传授给我的理论、知识和能力得到了发挥，没有辜负王老师的培养，没有给王老师丢人现眼。我是中国最早的注册会计师之一，无论是在香港的国有企业当财务部经理，在美国的跨国公司担任财务总监，在香港的上市公司当总会计师，都表现出应有的能力和作为，被认为是最有智慧、最能适应环境的人，我运用王老师传授的经济活动分析理论和方法为所在企业的经营管理和投资决策做出分析，提供管理报告和决策意见，为企业资本运作和股权重组出谋划策，成为管理层不可或缺的重要一员。

呜呼！从考上研究生成为王老师的第一位学生到现在已经四十年了，王老师离开我们也十多年了，除了从香港探亲回来和在香港见过王老师外，再也没有机会见到王老师，这是我终生的遗憾。如今我作为王老师的开门弟子也到了古稀之年，在含怡弄孙、颐养天年的时候，回想起王老师对我的谆谆教诲，与他老人家相处的日子仿佛在昨天，他老人家的音容笑貌就在眼前。现在我们作为他老人家的学生，纪念王老师百岁诞辰，就是要重温王老师对大家的谆谆教导、对研究生教育的执念，记取王老师在经济活动分析方面的杰出贡献，缅怀王老师襟怀坦荡的君子为人，缅怀王老师一辈子诲人不倦的师德风范！

　　王又庄老师，您永远活在我的心里！

孙海城

2022 年 7 月 21 日

学高为师、身正为范

——缅怀导师王又庄教授

作为学生，求学路上遇到的老师是有限的；作为老师，教学生涯中遇到的学生不计其数。而我，只是王又庄老师众多学生中的一个。王老师桃李满天下，仅研究生师门的学生就遍布祖国的五湖四海，更不乏远渡重洋身在五大洲者。大家在各自的工作中都勤奋努力，都做成了最好的自己！如今，我们缅怀共同的恩师，正可谓"学高为师、身正为范"，导师的一言一行都潜移默化地影响着我们每一个学生。

我今生有幸两次成为王又庄老师的学生。第一次是在北京经济学院财会系上本科，1985年上大三时，王老师教授我们《企业经济活动分析》，记得那时的专业课都是老教师讲授，唯独王老师声音洪亮、掷地有声、内容丰富、联系实际，为我们打开的是一扇充满探索的窗户。王老师上课不怎么提问，但同学们个个聚精会神、下课围着老师问问题。有个同学因故迟到了一会儿，说在楼道里就能听到王老师讲课的内容，楼道长度几十米，一路听过来相当于没有落下要学习的内容。那时王老师已是63岁，德高望重，还坚持在教学一线，同学们都很钦佩。有一次听说王老师生病，同学们上课前临时在讲台后面放了一把椅子，王老师走上讲台、坐到椅子上，无奈讲台高，椅子显得过矮，王老师坐上后效果不好，教室里一阵窃窃私语，王老师马上淡定地说"不碍事，现在上课"，声音有些虚弱，但语气坚定从容，教室里顿时鸦雀无声，我们顿生由衷的敬意。课间同学们赶紧挪动桌椅，把讲台从台阶上抬了下来，让我们彼此回到有眼神交流的授课与听课状态，同学们如饥似渴地聆听着教授的系统讲授、箴言妙语。直到现在，每当聚会时大家谈论起大学时代的老师，都对王又庄老师记忆犹新。

1986年我毕业留校，当时的财会系由财政、会计、审计三个专业组成。我所在的财政金融教研室在402，与王老师的办公室401门对门，每到返校开会时就能看到王老师在教研室与其他老师开心地聊天；听到王老师开会时与老师们交流到企业调研的收获；也经常看到王老师与指导的研究生们（也就是师兄、师姐）交流，好是羡慕。印象最深的是，每次我赶上早八点有课，坐班车7：40到学校，到达办公室时一定看到对面401的房门大开，王老师已经在一进门的第一个办公桌前看书学习了。

1994年，我参加全国统考，上了在职的硕士研究生，当知道我的导师是王又庄教授时，心里真是乐开了花。我本科学的是财政学，在学校教的课也是"财政学""财政与金融""国际税收"等，会计基础不扎实，会计理论更是研究甚少，导师经常提醒我要关注会计变化、多读会计论文。记得研二时，王老师说根据培养计划要单独给我开一门会计专题课程（因为我本科非会计专业），王老师给我讲授了"质量成本管理"。那时的王老师已是74岁高龄，声音不及10年前在本科课堂上那么高亢洪亮，但思路清晰、准备充分、内容前沿、一丝不苟，虽然就上了几次课，但是按照现在的说法，我获得的可是"一对一"教学，王老师的谆谆教诲是我此生莫大的荣幸！课后王老师拿给我复印好的《会计研究》上关于质量成本管理的系列论文，让我仔细研读，下次交流，认真严谨。遗憾的是，我后来从未讲授和研究过质量成本；庆幸

的是，吴少平师兄、杨世忠师兄在这些领域成果卓著，都是国内知名专家学者，而且都先后走上了学院、学校的领导岗位，成为导师的骄傲！

王老师传授给我的不仅是知识，更让我看到作为学者的孜孜不倦、持之以恒，即便已是这样功成名就，依然勤勉自律、儒雅谦虚。作为老教师，他非常关心年轻教师的成长，在教学方向、职称申报方面时不时地督促我、引导我、帮助我，对我在教学上取得的点滴成绩也是肯定、鼓励、支持。鉴于我本科的财税背景，王老师建议我在税务与会计跨界领域开展研究，高兴地介绍我认识并联系同门同级的杨晓超师兄（本科也是北京经济学院 1978 级，所以我要称师兄，时任北京市地税局副局长），方便请教税务问题；最后我的毕业论文写的就是税务筹划研究。正是王老师的步步指点，我后来的教学与科研都是跨界领域，如税务会计、税收筹划、政府会计。记得有一次在外开会，一位与王老师相识几十年的老教授对我说："老王说你是他的学生，他可高兴了。"我听了心中很是欢喜，我也一直以自己能成为王又庄教授的学生而自豪！在王老师的积极推动下，当时的财会系财政教研室受北京会计专修学院的委托，承担了北京地区注册会计师考试全部"税法"课程辅导的任务，现在想起这些更是无限感慨王老师的与时俱进！

现如今，我也从教满 37 年，也教过不少学生，但比起自己的导师，我感觉自己真是相距甚远，王老师的境界我是望尘莫及的。差距在哪里呢？仔细想来，差距应该在于我还缺乏王老师对教育终生投入、对学问终生探索的精神！也缺乏王老师心无旁骛、淡泊名利、终生奉献的情怀！

作为长者，王老师的慈爱淡定、坚强从容也成为我一生的榜样。在家中，王老师和师母和谐默契，勇担家务。记得老人家说起接送孙女上学，更是满脸乐开花。王老师晚年生病后，第一次住院我去朝阳医院看望，临别时他非要从病床上起来，送我到电梯门口，说的是"我就是让你看看，我身体恢复得挺好"；第二次住院我再去朝阳医院看望时，导师已无力下地，但仍然乐观地说："学生送的大靠枕，靠着挺舒服"，临别时他在病榻上吃力地向我招手告别，依旧是面带微笑，至今回想起来都令人泪目！

我无比庆幸自己在求学和工作中有缘遇到王又庄老师，他是我学业上的导师、生活中的恩师，在王老师百年诞辰之际，追忆导师的智慧一生、勤勉一生，这宝贵的精神财富将让我受用一生！

岁月如梭似流年，留下难忘忆从前。

导师精神传弟子，师德风范记心间！

叶青

2022 年 8 月 8 日写于北京

怀念恩师

    作为我国知名的会计学家，王又庄教授在全国会计学术领域有很高的威望。转眼间，导师仙逝已两年了。他那亲切的面容和话语，仍在我脑海耳边浮现和萦绕。

    1986年，我还是北京经济学院研二的学生，导师当时担任北京市政府顾问，正在北京雪花电冰箱厂企业改革做指导工作。他要求我组织几个研究生和本科同学跟随他到厂里协助工作。从那时起，我就跟随导师参与企业管理咨询工作。之后，我们先后参与了企业的物流管理、财务管理、达标升级、兼并等一系列工作。通过深入实际的学习与实践，在导师的指导下，我应用"平行结转差异法"原理，以电冰箱生产流程为背景，撰写了硕士论文，并获得时任答辩委员会主席的北京大学闵庆全教授的好评。按照导师的安排，我在硕士论文的基础上与李相志同学合作出版了学术专著。导师带我深入实际开展调查研究，还带我参加全国成本理论研讨会，并让我代表他参加全国质量成本研讨会。在那个时候，我除了参加导师的课题研究以外，还独立或与同学合作发表了5篇专业文章。

    1993年，学校实行"一刀切"退休政策，导师与其他四位系里的教授同时退休，财会系一时没有了在岗正教授。1996年两校合并后，系里请他担任顾问。自那时起直到他逝世前住院，无论刮风雨雪，他天天到学院指导工作，13 年来从不中断。"小车不倒只管推"，他在工作中表现出来的敬业精神和责任心，无不受到大家一致的赞叹和由衷的钦佩。他虽然早已退休，但其科研、教学和管理工作量却远远超过许多在岗的教职工，且从来不提报酬。

在导师的指导帮助下，我于 1991 年担任系副主任，1992 年晋升副教授并担任硕士研究生导师。之后，无论我做什么工作，只要是系里的事或学校的事，导师都不遗余力地给予支持。而我遇到了工作中的重大问题或个人的重大事项，也总是要去征求导师的意见。

导师并非只扶持我这么一位后人，他对其他的年轻学者一样竭力帮助。经他推荐来校工作的人才有很多，汪平教授是其中之一。为了引进汪教授，导师曾不止一次地去济南，亲自到山东经济学院院长家里登门说项的情形，令我至今难忘。2006 年底，学校进行教师岗位聘任改革，由于会计学院岗位编制减少，尤其是教授编制和副教授编制少，形成了晋升教授通道堵塞、八名副教授没有岗位的局面，引起了教师们很大的思想波动：没有岗位的副教授抬不起头，有了岗位的副教授看不到前景，即使是在岗的教授也产生了在下一轮推倒重来的竞聘中是否还能够当教授的危机感。在这样的形势下，导师将有关情况和意见积极向学院学校反映，做教师的思想工作，勉励大家正确对待、克服困难，为每一位教师指出努力的方向，使一些副教授在后来新一轮岗位竞聘中脱颖而出，晋升为教授。

导师一生勤勉。从我接触导师的那一天起，就发现他是一个忙碌的人，退休以后也从来没有闲下来。师母在世时因为身体不好，许多家务活都是由导师来做。他每天很早起床，料理家务，准备早点，然后步行到学校上班。回家后除了忙家务活，就是看书写作，出版了诸多专著。他的《现代企业经济分析》四次再版，印刷 32 次之多。那时他已经 86 岁高龄，仍在孜孜

不倦地做学问，真正做到了"活到老学到老""春蚕到死丝方尽，蜡炬成灰泪始干"。

导师直到临终前，仍念念不忘关心别人和学生。在他最后住院之前，还把亲手摘录的环境成本核算资料送给我，并一再叮嘱我要研究环境资源的核算问题，尤其是环境成本的核算。

杨世忠

2014 年 9 月

（原载于财政部财政文学会主办《财政文学》，总第五期封底，2012 年11 月。）

再忆恩师

一、缘起

今年6月，当学校人事处将退休证书交到我手上的时候，我不但没有丝毫的失落感，反而感到几分欣喜：新的生活与工作方式将从此开启。之所以产生这样的心理感受，是因为想到了导师王又庄教授的人生经历。王老师于65岁那年评上教授，88岁离开人世，其间23年退而不休，勤奋不辍，工作不停，依然对家人、对学校、对社会做出积极的贡献。他是我的恩师，也是我的人生楷模。

清明节期间，我照例去北京香山下的万安公墓为导师扫墓，从墓碑上再次看到了导师的生卒年月。屈指一算，2022年11月30日正是导师百年诞辰日。看着若不仔细寻找就难于发现，位于众多逝者之间的他与师母合葬的小小墓碑，回想起2010年9月30日在八宝山向他辞别时相赠的挽联，非常感慨："低调而来低调而去先生做人唯低调，学问是读学问是写深入实际更学问"，横批"堪称师表"。逝者虽远去，但是导师的人生经历、生活态度和学术见解不能从此泯灭，应该通过一定的形式将其传承下去。

二、回望

我是 50 后，我们这一代人在中学毕业以后大多上山下乡当知识青年。我虽然也随父母到农村插过队，后来却幸运地到企业当了工人。1978 年恢复高考，我有幸去河北地质学院上学，读地质经济管理专业。毕业以后留校工作，讲授《地质勘查单位财务管理》课程。1985 年，北京经济学院财政会计系招收会计学研究生，我以 345 分的成绩考入。入学后被分配于学制两年的研究生班。我们财会系 85 级研究生一共 25 名，是当时全校人数最多的系。85 级同学分成三年制 5 人，两年制 20 人，我属于两年制研究生。两年制研究生是特殊的设置：用两年修完学业，获得毕业证书，然后参加工作，在工作中撰写硕士学位论文再申请硕士学位。这样设置的目的是为学校培养师资。

1986 年 9 月，当导师得知我和部分研究生同学在暑假期间曾参加北京革制品厂整改调研工作，就要求我再组织几个研究生和本科同学跟随他到雪花电冰箱厂协助工作。从那时起，我就与导师结下了不解之缘。1987 年 7 月，当我两年学习期满取得毕业证书之际，导师便动员我转为三年制学习。此后，我便跟随导师参与企业管理咨询，先后参与了北京雪花电冰箱厂的物流管理、财务管理、达标升级、兼并北兰洗衣机厂等一系列工作。在导师的指导下，我应用"平行结转差异法"原理，以电冰箱生产流程为背景，撰写了硕士论文，并获得时任答辩委员会主席北京大学闵庆全教授的好评。后来又按照导师的安排，在硕士论文的基础上与李相志同学合作出版了学术专著——《现代企业成本核算模式》。

1988 年 7 月，当我完成了三年的研究生学业之时，导师动员我留北京经济学院任教。由于导师的不懈努力，我留在了北京经济学院财政会计系财务管理教研室任教，正好与导师在同一个教研室工作。此后，我就一直在导师的教育和指导下成长，跟随导师先后参与了北京二轻总公司的管理咨询活动、中国成本研究会的学术活动、中国质量管理协会的学术活动与培训、北京市会计职业资格考试培训、中国会计转轨培训教材编写、在职研究生培养、国家社会科学基金课题和财政部重点科研课题研究等一系列工作。工作中，导师的勤奋、友善和乐于助人的精神在不断激励着我，无论顺境逆境，我都能够从导师那里得到及时的指点和帮助。

记得我第一次申报教授的时候去征求导师的意见。导师反对，他认为条件不成熟，不宜过早地去申报。可惜我当时年轻气盛，只觉得既然已经符合条件了就应该去申请，没有听导师的话。最后的结果不仅没能通过北京市的最终评审，而且还引发了系里的矛盾，应了"不听老人言，吃亏在眼前"的老话。

还记得学校组织部门找我谈话，要我离开学院去学校担任党政工作。我征询导师意见，导师开始劝我不要去，认为我应当留在学院抓好教学科研。后来当我将学校党委书记劝告我"到学校工作也不要丢了自己的专业"的话向导师转述之后，他才表态支持我到学校去。

联想起他临终前还在病床上叮嘱我一定要把学校的后勤管理工作移交出去、要关注资源环境成本核算，才深深地体会到了他对弟子的关爱之情和殷切期盼！

三、期冀

导师是一个务实的人。他从不好高骛远，也从不看轻自己，总是在脚踏实地认真做事。他不仅做好学术的事和教学的事，而且还做好家里的事。因为师母身体不好，许多家务事他都亲自操持。记得导师还给我这个南方人讲授了在北方平房里的生活技能：冬天如何生炉子、如何糊烟囱、如何保持室

内空气温暖湿润、如何防止煤气中毒等。他的勤奋耐劳、他的热心友善正是我们这个民族的主流本色，也是后人亟须继承和发扬的精神。

当导师百年诞辰来临之际，需要向导师告慰的是：这些年，会计学院在质量成本研究方面获得了两个国家级课题和全国质量管理优秀论文奖，在资源环境核算方面获得了国家级重大课题、重点课题各一项，国家级面上课题和省部级重点课题多项。

我个人也将以导师为榜样，在上述领域持续耕耘，继续前行。

王老师，您的精神永存！

杨世忠

2022 年 8 月 8 日

缅怀尊敬的导师王又庄教授

——写在王又庄教授 100 周年诞辰之际

翻开我人生的篇章，不敢说读过万卷书，但可以说行过万里路。

20 世纪 80 年代我从中国湖南的小城益阳到省会长沙读书和工作，90 年代我又从长沙到首都北京读研和工作。从学生到走入社会，从南闯到北。三十岁那年一过，又漂洋过海离开北京到了美国。在美国生活过五个不同的州，绕了美国大半个圈。我现在已定居得克萨斯州首府奥斯汀（Austin）十三年有余，来美已经二十八年了。

回顾走过的路，北京是我人生旅途中经历的重要一站。从 1990 到 1994，四年多的光景，在这里，我入读北京经济学院，于 1993 年毕业获得经济学专业会计学硕士学位。王又庄教授是我的导师，北京经济学院的学习为我的职业生涯打下坚实的基础，也为我的社会角色和所从事工作的性质定了格。毕业后我留北京到中国租赁公司财务部工作了一年多，主要从事分公司的财务审计，以及亚洲开发银行贷款项目的财务报表工作。

一想起北京，一想起首经贸，不能不追念曾经帮助过我、扶持过我、指导过我的恩师王又庄。首经贸校园的记忆历历在目，对王老师的尊敬、感激之情油然而生。

　　回想第一次从长沙坐火车到北京，奔着准备报考北京经济学院研究生的方向去见王老师。我那时已经在湖南省人民银行计划处工作五年。记得是在王老师家中第一次见到他。见之前我心里很是紧张不安，担心自己普通话说不好，王老师听不懂，又担心自己知识水平不够，被王老师瞧不起。当时很多课程我都是利用业余时间自学的。考研前我学的是城市金融专业。为了应对全国研究生的统考，我拼命自学，从英语、高等数学到财务管理和管理会计，门门都得补，都得加劲。那时候高校在全国各地每年招收的研究生很少，考研很难，说是过独木桥一点不为过。多亏有一位湖南老乡首经贸在校研究生的热心帮助和引见，才有机会让我见到王老师。

　　那时王老师已年近七十，精神矍铄，是一位严谨的学者。他讲话字句清楚，层次明了，话语不含糊不多余，眉宇之间透着威严，但眼神里充满亲切和慈爱。他问询我在银行的工作情况，又问我自学的情况。我从他的眼神里看到了他对我的肯定。说着说着，我就没有了见面前的那种紧张感和陌生感。他鼓励我考研，说学校不只是希望招收应届成绩优秀的毕业生，也希望招收一些已经有工作经历和社会经历的在职工作人员读研，学校的生源要多元化。他指导我在专业课的复习和应考准备中，要着重关注会计方面的热点问题和最新的研究方向。

　　回想当年，初见王老师的那一幕又重现眼前。王老师作为学校会计系最有名望的教授，初次见面一点都没有让我觉得生分和拘束。对我这样一个外地远道而来的年轻人，他的话语里满是期望和鼓励，让我感到很亲切，很温暖，也获得了信心。我不得不说，在我还没有踏入北京经济学院校门之前，在我还未成为王老师的学生之前，我就得到了王老师在专业课方面的指导和帮助。当我有幸考上了研究生，王老师又让我做了他的学生，亲自带我。那年北京经济学院在偌大的湖南就录取了我一个学生。1990年，北京经济学院在全国共录取了 13 名会计研究生，包括应届保送的 6 名和通过全国考研入校的在职生 7 名。

现在想想，我是怎样的机缘和福分才能得到来首经贸读研的机会呀！王老师当然是我一生难忘的恩师。在校三年期间得到王老师的帮助和扶持就更多了。

记得当年为毕业论文做准备时，当时我计划去广州和深圳调研，王老师亲自写介绍信给广州会计师事务所的所长，手写的介绍信字迹工工整整，反复叮咛让我带上；又介绍我去见了已经在深圳工作的首经贸前几届毕业的校友。王老师把他有的门路和能想到的资源全都给了我，无私地帮助我。

最后一学期教学实践，王老师推荐我为本科生上课和为上岗考会计资格证的在职会计人员上课。课后王老师在教研室又仔细询问我上课的体会和收获，以及课堂上学生的反应，还充满信心地告诉我，以后全北京市会计上岗拿会计证这一块培训业务，首经贸都要承担起来，这样学校受益，社会也受益。

针对我的毕业论文课题"股份制企业的财务报表和财务分析"，王老师又特意安排我和另一个导师带的学生一起去北京市最早的股份制企业之一——北京城乡贸易中心（简称城贸）财务部实习和调研。在城贸，我还给财务部的人员上过课，讲解如何看股份制企业的财务报表，如何计算和分析财务指标，通过社会实践，把书本上的知识变成实际工作中可运用的工具。王老师是一个非常重视社会实践和乐于为社会服务的学者，他研究的一个重要课题就是企业的质量成本管理和企业社会经济效益的考量。

看到我顺利完成毕业论文，从容自如地完成毕业答辩，他在第一时间跟

我说，你的毕业答辩很好，几个评委都对你很满意。他脸上流露出来的那种高兴和满意，眼神里带着的那种温和的光芒，深深地留存在我的记忆中。是恩师的帮助和培养，关怀和扶持，鼓励和肯定，让我这样一个普通的年轻人得到了从课堂、书本到社会不断地提升和历练，成为能为社会做会计工作的专业人员。

王老师从60岁到80多岁，在首经贸的20多年，是他在会计学术领域教学和科研的黄金时期。他一方面做教学指导，亲自栽培了一届又一届的研究生；另一方面持续学术研究，写文章写书。双管齐下，他成为北京市以及全国会计专业学术领域拥有很高名望、声誉和成就的会计专业教授、学者及权威。王老师有着宽广的视野，他不但在校园里培养学生，桃李满天下；还帮助和培训校园外企业财务部的会计人员，北京市企业界、财务界知道王老师的人很多。王老师在学校不但教学、写文章、写书，还兼任和主持会计系甚至整个研究生部的管理工作，而且还兼任一些社会公职，比如北京市会计师评审主要专家评委等。大家看到他总是精力充沛、有条不紊，靠着他的自行车做交通工具，奔波于校园与企业间，每天积极勤奋地工作。王老师堪称当时首经贸会计系的核心力量。

我来美国后，跟王老师一直有联系。来美不久我写信给他，他给我回信，鼓励我在美国继续学习会计。当我生下儿子，做了母亲，我把我儿子三个月的彩色照片寄给他，他高兴得很，给我回信，字里行间，我能体会到他内心由衷的喜悦。我回国到北京，和另一个留校任教的同学一起见过王老师。记得那次见王老师，我们在首经贸的食堂一起高兴地吃了饭，还留了影。那是我最后一次见到王老师，最后一次和王老师坐在一起说话。

心目中有一位值得尊敬和景仰的导师，是人生之幸，十分感恩。值王又庄教授100周年诞辰之际，追忆往事，和学友们一同缅怀我们热爱的导师，共同分享校园生活的经历，是件很有意义的事情，希望我们都把我们的专业知识更好地服务于我们的社会和共同的世界，拥有更美好的人生。

段佳穗

2022 年 8 月 2 日

怀念王又庄教授

2022 年 8 月的一天，在大学同学叶青教授的微信中获悉王又庄教授百年诞辰的纪念日即将到来，这使我想起北京经济学院那位让我肃然起敬的老教授。可以说，王又庄教授对我大学以及毕业后的学习和生活产生了很大的影响。

我是 1982 年考入北京经济学院财务会计系的。在四年的大学学习中，除了基础课外，我们学习的课程里有很多是专业课，如财务会计、成本会计、税收管理、企业财务、财务分析和预测以及其他的财经方面的课程。在我们学习的所有课程里，王又庄教授讲授的"企业财务分析"和"成本管理"两门课程给我留下了非常深刻的印象。也正是因为学习了王又庄教授的这两门课，影响了我一生的工作内容和职业选择。

在我们学习王又庄教授的课程期间，同学们都认为他是一位和蔼可亲的老人、知识渊博的教授、言传身教的导师、严于律己的长辈。王又庄教授让人可敬可佩的地方有很多。他上课从来不迟到，按时上课按时下课，讲课声音洪亮、逻辑清晰、内容丰富、概念准确、深入浅出、幽默诙谐。他对同学们提出的问题非常耐心地解答，而且能够旁征博引，启发我们举一反三。直到今天，回忆起那时上课的情景，仍历历在目。今天和同学们回忆起学习王又庄教授的几门课程的经历，大家都认为是我们大学四年学习生活中宝贵的财富和美好时光。

王又庄教授的课程里，我们学习到了非常扎实的企业财务分析的科学理论、技巧以及企业增长及预测的规则。王又庄教授的课程内容丰富，理论与实际紧密结合，这在我们毕业前的实习中给了我们很大的启发和学以致用的机会。毕业后，同学们每每谈及王又庄教授的教学，大家都认为王又庄教授的教学内容启蒙了大家对企业的认识，是大家未来继续进行专业学习和工作的宝贵工具。

在毕业后留校任教的日子里，我讲授专业英语课程。我选择讲课的章节和内容也是和王又庄教授的经典课程——"企业财务分析"紧密结合。备课期间，我特意请教王又庄教授，他嘱咐我要把讲课的内容和当时中国改革开放的形势相结合；要让学生们学到如何把中国的企业财务分析和专业英语结合起来；让学生们了解到如何用英语来理解、收集企业财务数据，从而掌握企业运营的信息，最终明了企业日常管理的经验，进行企业中长期的预测和制定规划。通过讲授国外企业财务管理的专业英语课程，也使我更深刻地理解了我们国家改革开放对企业的重要性和我们如何与国外企业合作，在竞争中做到知己知彼。在我出国留学前和我的学生们座谈有关课程改进的内容，学生们都认为王又庄教授的建议是非常重要和实用的，对学生们的学习和工作有很多启发和激励。

1989年，我离开学校去加拿大学习，临行前特意向王又庄教授请宜道别，王又庄教授给了我很大的鼓励，特别嘱咐我，对于一位研究企业经营管理的学者，不管在哪里，不管什么时候，都应该坚持理论联系实际，中外经验结合、学以致用。这些话对我在以后的学习和工作中起到了很大的指导作用。我在今天的科研和教学过程中仍然坚持王又庄教授的教导和嘱托。

　　在国外留学和工作的初期，我每次回国都会争取探访王又庄教授，每次见到他都觉得他依然是那种和蔼可亲的长辈、精神矍铄的学者、桃李满园的教授。我们谈论国内外有关企业管理、财务分析、经营数据分析、企业发展规划和预测的变化和进步；我们谈论我们共同关心的当时国内外流行的科研题目和教学改革，比如大数据的应用、企业财务分析和成本管理与人工智能的结合、ESG（Environment，Social-responsibility and Governance）在企业管理中的重要性和迫切性。王又庄教授用他独特的视角和学术造诣所做的分析，给了我很大的启发，每次和王又庄教授的交谈都使我收获颇丰，受益匪浅。

　　在以后的日子里，我每次回来和同事们就教学和科研进行合作时，王又庄教授都在百忙之中，不顾年事已高，给了我很多及时的指导和教诲，让我终生难忘。我为我在人生和职业进步和发展中能有王又庄教授这样的老师和榜样而深感幸运和骄傲。

朱欣研[①]

2022 年 8 月 22 日

于加拿大温哥华

---

　　① 朱欣研系北京经济学院 8233 班毕业生，86 年毕业后留校任教。现为加拿大凯普兰若大学商学院教授，加拿大注册会计师。